LES

CONDITIONS DU TRAVAIL

EN DANEMARK

LE RECUEIL DE RAPPORTS

SUR

LES CONDITIONS DU TRAVAIL

COMPREND LES PAYS SUIVANTS

ALLEMAGNE.	ITALIE.
AUTRICHE-HONGRIE.	PAYS-BAS.
BELGIQUE.	PORTUGAL.
DANEMARK.	RUSSIE.
ESPAGNE.	SUÈDE ET NORVÈGE.
ÉTATS-UNIS.	SUISSE.
GRANDE-BRETAGNE.	

LES
CONDITIONS DU TRAVAIL

EN DANEMARK

RAPPORT

ADRESSÉ AU MINISTRE DES AFFAIRES ÉTRANGÈRES

Par M. Charles THOMSON

DE LA RÉPUBLIQUE FRANÇAISE A COPENHAGUE

BERGER-LEVRAULT. ET Cie, ÉDITEURS

PARIS	NANCY
5, RUE DES BEAUX-ARTS	18, RUE DES GLACIS

1891

LES
CONDITIONS DU TRAVAIL

EN DANEMARK

SITUATION INDUSTRIELLE

Dénombrement de la population.

La population du Danemark, qui est de 1,969,039 habitants, d'après le dernier recensement général de 1880, se répartit ainsi, en ce qui concerne l'état social :

Population agricole .	925,152
— industrielle.	451,219
— commerciale	134,272
— maritime.	53,905
Fonctionnaires, artistes, professions libérales.	131,684
Rentiers et retraités.	44,347
Journaliers	174,471
Domestiques.	21,000
Sans profession connue.	32,989
Total.	1,969,039

Groupes industriels et corps de métiers.

Bien qu'il résulte de ces chiffres que le quart environ de sa population subsiste par l'industrie, le Danemark, ainsi que l'expose fort bien M. H. Weitemeyer, dans son étude si complète et si intéressante [1], « sans bois, sans fer, sans houille, « sans grandes rivières, et en outre sans grands capitaux et « sans débouchés suffisants », n'est pas un pays industriel. L'agriculture, le commerce et la navigation y tiennent la première place ; et, si quelques industries, anciennes et nouvelles, ont pris une réelle importance dans ces dernières années, la grande industrie proprement dite n'y trouve pas les éléments nécessaires pour se développer. Les principales branches industrielles sont celles qui se rattachent à l'agriculture, telles que les brasseries, les distilleries d'eau-de-vie, les moulins et les minoteries. Les autres, dont le nombre est relativement assez restreint, se rapportent à la fabrication des machines et à la métallurgie, à la fabrication des draps et lainages, à celle des toiles et cotonnades, à la raffinerie de sucre de canne et de betterave, à la fabrication des allumettes, des bougies, des faïences et porcelaines, à la papeterie, à la briqueterie, à la verrerie, etc.

Nombre des ouvriers par rapport à celui des patrons.

Pour ces diverses industries, il n'a pas été établi jusqu'à ce jour de statistique officielle, donnant des renseignements précis sur leur nombre, sur l'organisation, l'activité et la production de chacune d'elles, et indiquant le nombre exact des patrons et celui des ouvriers. Le chiffre de 451,219 individus employés aux travaux industriels comprend, en effet, tous les patrons et petits patrons, fabricants et entrepreneurs,

---

1. *Le Danemark,* publié avec le concours de savants danois, par H. Weitemeyer. 1889. A. F. Höst et fils, éditeurs à Copenhague.

avec les directeurs, gérants et chefs d'ateliers, et tous les ouvriers des deux sexes et de tous âges. Mais, on s'accorde à évaluer le nombre des patrons et chefs de métiers industriels à 24,000 environ dans ce pays, où il n'y a pas d'exploitations minières, où les usines et les grandes fabriques sont peu nombreuses, où le petit atelier comptant un patron et une dizaine d'ouvriers est la règle ordinaire, surtout dans les villes de province et dans les campagnes. Il y aurait donc, en moyenne, un patron pour 18 ou 19 ouvriers.

Fabriques et ateliers.

Cette proportion est applicable à la population industrielle tout entière ; mais elle varie suivant les localités et en raison de la nature des industries. Dans les fabriques et ateliers où travaillent des jeunes gens et des enfants au-dessous de 18 ans, la différence est considérable, puisqu'on constate une moyenne de 35 ouvriers pour un patron. D'après le tableau suivant, qui figure dans le rapport des inspecteurs chargés de la surveillance administrative de ces établissements en 1889, on en comptait 753, qui occupaient 26,728 ouvriers et ouvrières de tous âges :

FABRIQUES et ateliers.	Nombre des établissements.	Enfants de 10 à 14 ans.		Jeunes gens de 14 à 18 ans.		Adultes.	
		Garçons.	Filles.	Garçons.	Filles.	Hommes.	Femmes.
Copenhague. . .	252	526	146	763	250	5,729	2,267
Provinces. . . .	501	1,501	236	1,491	298	10,629	2,892
Totaux . . .	753	2,027	382	2,254	548	10,353	5,159
		2,409		2,802		21,517	

Total général des ouvriers : 26,728

Sur ces 753 fabriques et ateliers, 488 étaient actionnés par des machines ; et leurs 26,728 ouvriers, protégés par la législation du travail, étaient ainsi répartis dans les principales branches de l'industrie:

FABRIQUES ET ATELIERS.	Nombre des établissements.		Enfants de 10 à 14 ans.		Jeunes gens de 14 à 18 ans.		Adultes.	
	Chiffre total.	Fabriques mécaniques.	Garçons.	Filles.	Garçons.	Filles.	Hommes.	Femmes.
Forges et machines	104	103	4	"	602	"	5,611	"
Fabriques mécaniques et car-rosserie	27	25	1	"	161	"	1,156	4
Ateliers métallurgiques . . .	24	22	19	5	103	48	626	134
Cartonneries et papeteries. .	4	4	2	"	2	7	143	81
Fabriques d'objets en carton et en papier	17	4	53	51	19	62	99	187
Fabriques de tapis ou de stores	10	5	42	6	20	19	112	78
Fabriques de tuyaux de pipes, brosses et fleurs.	9	3	56	7	13	12	91	67
Fabriques d'ouvrages en bois et en liège	34	29	48	"	112	"	776	38
Imprimeries et librairies. . .	163	82	33	3	404	54	1,423	306
Lainage.	75	75	135	37	123	98	937	890
Coton et lin	19	18	82	29	99	99	1,003	1,348
Produits chimiques	40	31	59	26	63	24	607	224
Allumettes	5	4	42	14	31	49	92	221
Grès et porcelaines	36	25	53	5	74	11	1,562	196
Verreries.	8	7	90	11	71	3	416	38
Tabac et cigares	145	23	1,250	183	324	51	1,364	1,135
Moulins à vapeur	7	7	2	"	1	"	132	"
Fabriques de sucre et de cho-colat.	18	13	13	3	13	2	140	79
Fabriques de chicorée. . . .	8	8	43	2	19	9	68	133
Totaux.	753	488	2,027	382	2,254	548	16,358	5,159
			2,409		2,802		21,517	
Total général des ouvriers . . .					26,728			

De 1875 à 1889, le nombre des établissements soumis au régime de l'inspection et celui de leurs ouvriers ont suivi une progression ascendante, avec quelques temps d'arrêt et de recul de 1877 à 1880 et en 1886 ; et il résulte des chiffres suivants que, pendant cette période des quinze dernières années, le nombre de ces fabriques et ateliers a augmenté de 122 et celui des ouvriers de 5,531.

Années.	Nombre des établissements.	Enfants.	Jeunes gens.	Adultes.	Nombre total des ouvriers.
1875. . . .	631	2,738	2,749	15,710	21,197
1876. . . .	613	2,661	2,545	15,893	21,099
1877. . . .	624	2,442	2,303	14,700	19,345
1878. . . .	620	2,300	1,881	14,413	18,594
1879. . . .	625	2,163	1,944	15,115	19,222
1880. . . .	648	2,316	1,990	16,402	20,708
1881. . . .	657	2,463	2,120	17,710	22,293
1882. . . .	707	2,618	2,296	18,701·	23,615
1883. . . .	705	2,656	2,483	20,168	25,307
1884. . . .	731	2,580	2,527	20,645	25,752
1885. . . .	739	2,497	2,633	20,215	25,345
1886. . . .	742	2,254	2,495	19,059	23,808
1887. . . .	755	2,386	2,590	20,284	25,260
1888. . . .	761	2,383	2,824	21,363	26,570
1889. . . .	753	2,409	2,802	21,517	26,728

Il importe, d'ailleurs, de faire remarquer ici que la loi du 12 avril 1889 sur les mesures à prendre pour prévenir les accidents de machines n'a été mise en vigueur que le 24 octobre suivant, c'est-à-dire presque à la fin de l'année, et qu'elle impose la surveillance administrative à un nombre assez considérable d'établissements qui n'y avaient pas été soumis jusqu'à cette époque.

La police a déjà signalé 725 ateliers et fabriques (155 à Copenhague et 570 dans les provinces) qui sont dans ce cas, et qui emploient 6,730 ouvriers (1,800 à Copenhague et 4,930 dans les provinces).

Nous pouvons ainsi présenter des données statistiques plus complètes et plus exactes à la fois sur la situation actuelle des établissements industriels du pays.

FABRIQUES ET ATELIERS.	Nombre des établissements.						Nombre des ouvriers.		
	En 1889.	Nouveaux.	Total des établissements.	Fabriques mécaniques en 1889.	Fabriques mécaniques nouvelles.	Total des fabriques mécaniques.	En 1889.	Nouveaux.	Chiffre total.
Forges et machines . . .	104	50	154	103	50	153	6,217	537	6,754
Fabriques mécaniques et carrosserie	27	55	82	25	50	75	1,322	375	1,697
Ateliers métallurgiques. .	24	33	57	22	30	52	935	297	1,232
Cartonneries et papeteries	4	6	10	4	6	10	235	241	476
Fabriques d'objets en carton et en papier. . . .	17	5	22	4	3	7	471	60	531
Fabriques de tapis et de stores.	10	"	10	5	"	5	277	"	277
Fabriques de tuyaux de pipes, brosses et fleurs.	9	"	9	3	"	3	246	"	246
Fabriques d'ouvrages en bois et en liège. . . .	34	207	241	29	204	233	974	1,419	2,393
Imprimeries et librairies .	163	17	180	82	15	97	2,223	139	2,362
Lainage.	75	88	163	75	85	160	2,220	583	2,803
Coton et lin.	19	20	39	18	19	37	2,660	207	2,867
Produits chimiques. . . .	40	56	96	31	52	83	1,003	461	1,464
Allumettes	5	"	5	4	"	4	449	"	449
Grès et porcelaines . . .	36	100	136	25	99	124	1,901	1,792	3,693
Verreries	8	"	8	7	"	7	629	"	629
Tabac et cigares.	145	4	149	23	"	23	4,307	22	4,329
Moulins à vapeur	7	73	80	7	73	80	135	517	652
Fabriques de sucre et de chocolat.	18	4	22	13	4	17	250	14	264
Fabriques de chicorée . .	8	7	15	8	7	15	274	66	340
Totaux	753	725	1,478	488	607	1,185	26,728	6,730	33,458

Le Danemark aura donc, dans un temps très rapproché,
1,478 fabriques et ateliers soumis au contrôle de l'inspection,
parmi lesquels seront compris 1,185 établissements actionnés par des machines ; et le nombre des ouvriers de tous âges
et de tous sexes protégés s'élèvera à 33,458.

Le nombre des patrons par rapport à celui des travailleurs
est, en conséquence, dans ces établissements, de 22 à 23 ouvriers pour un patron, moyenne proportionnelle qui se rapproche sensiblement de celle que nous avons établie plus
haut sur l'ensemble de la population industrielle danoise.

SALAIRES ET CONDITION ÉCONOMIQUE
DE L'OUVRIER DANOIS

Les renseignements que nous possédons sur le taux des salaires en Danemark et sur la situation des classes laborieuses au point de vue matériel et économique ne sauraient former qu'un élément approximatif d'appréciation ; car, en pareille matière, les moyens d'information sont toujours insuffisants et leurs résultats souvent inexacts ou contradictoires. Ceux-ci, cependant, empruntés pour la plupart aux savants travaux de MM. Falbe-Hansen et Scharling [1], reposent sur des recherches particulières méthodiquement conduites depuis une douzaine d'années, et sont, sur les points importants, corroborés par des documents officiels assez largement compris pour inspirer confiance.

Le taux des salaires est resté fort longtemps stationnaire dans le royaume. C'est en 1872 qu'il a commencé à s'élever et à présenter un caractère généralement assez rémunérateur.

Situation matérielle de l'ouvrier à Copenhague.

A Copenhague, les maîtres-ouvriers ou, autrement dit, les plus anciens ouvriers des corps de métiers sont bien rétribués. *Le maximum* moyen de leurs salaires est de 5 couronnes

---

1. *Statistique du Danemark*, 1878-1890, Copenhague.

45 öre [1] par jour, ou de 1,635 couronnes pour 300 jours de travail, soit, en monnaie française, 2,290 fr. S'ils appartiennent à certaines professions spéciales, comme les tonneliers, les chocolatiers, les teinturiers et les maçons, ils peuvent même gagner 7 couronnes ; mais les maçons ont à compter sur des chômages annuels. Les imprimeurs sont payés jusqu'à 8 couronnes 30 öre, les orfèvres, les porcelainiers et les selliers jusqu'à 9 couronnes.

D'autres professions sont moins bien traitées, et les salaires des ouvriers n'y dépassent pas 3 couronnes : tels sont les brasseurs, les paveurs, les pelletiers et les brossiers. Le gain journalier des vitriers et des cordonniers s'élève à peine à 2 couronnes 65 öre. Néanmoins, le *minimum* moyen du salaire des maîtres-ouvriers et des plus anciens ouvriers est estimé annuellement à 1,300 couronnes environ.

Pour les simples ouvriers, leur gain peut, en moyenne, s'évaluer à 3 couronnes par jour ou à 900 couronnes par an, Cependant, il atteint 5 couronnes pour les imprimeurs, les orfèvres, les fabricants d'instruments d'optique et les sculpteurs sur pierre. Il arrive même à 5 couronnes 35 öre pour les ouvriers en terre cuite. La moyenne *maximum* des salaires, pour les ouvriers de ces industries, est estimée à 3 couronnes 68 öre ou à environ 1,100 couronnes par an. Ceux-là sont les privilégiés et les heureux ; car, dans d'autres professions, le prix de la journée tombe jusqu'à 2 couronnes : les teinturiers, les fabricants de limes, les vitriers, les tourneurs, les fabricants d'aiguilles, les menuisiers, etc. ; enfin, viennent les cordonniers qui n'ont qu'une couronne et demie. La moyenne *minimum* du salaire quotidien de l'ouvrier est de 2 couronnes 46 öre ou de 738 couronnes par an.

Il convient de remarquer, toutefois, que le travail aux pièces, qui s'est généralisé depuis quelques années, est sensiblement plus avantageux pour l'ouvrier que le travail à la journée, et l'on calcule que sa rétribution équivaut, pour une semaine de travail, au salaire de huit journées ordinaires.

---

1. La couronne danoise (*kroner*), de 100 öre, vaut 1 fr. 39 c. environ.

Le gain hebdomadaire de l'ouvrier travaillant à ses pièces est en moyenne de 20 couronnes, et son gain annuel de 1,000 couronnes environ.

Les apprentis gagnent, en moyenne, 87 öre par jour, soit 280 couronnes par an ; mais leur salaire atteint quelquefois 1 couronne 39 öre par jour ou 400 couronnes par an. Le *minimum* du gain de l'apprenti ne descend que rarement au-dessous de 60 öre.

Le salaire des journaliers et hommes de peine est ordinairement de 20 p. 100 environ plus bas que celui des ouvriers de métier. La moyenne de leur gain journalier est de 2 couronnes 37 öre, et celle de leur gain annuel de 700 couronnes.

Ces divers salaires, rapprochés pour former des moyennes et pris l'un dans l'autre sans distinction de professions, ne suffiraient sans doute pas pour fixer d'une manière précise la rémunération du travail ; et le tableau suivant indique exactement les salaires ordinaires des corps de métiers qui occupent le plus de bras à Copenhague.

CORPS DE MÉTIERS.	Salaire des ouvriers.		Salaire des journaliers.	
	Quotidien	Annuel (300 jours par an).	Quotidien	Annuel (300 jours par an).
	Cour.	Cour.	Cour.	Cour.
Fondeurs, mécaniciens, forgerons et constructeurs de navires . .	2 93	880	2 42	725
Ébénistes	2 50	750	2 33	700
Menuisiers travaillant à l'aide de machines	3 33	1,000	2 33	700
Cordonniers	Prix débattu.	675	"	"
Maçons	3 00	900	2 50	750
Ouvriers en tabacs et cigares . .	"	"	2 50	750
Tailleurs.	Prix débattu de 1,200 à 1,300 couronnes.			
Peintres.	2 75	825	"	"
Imprimeurs et lithographes . . .	4 00	1,200	2 50	750
Charpentiers et menuisiers en bâtiments	3 00	900	2 32	700
Gantiers.	Prix débattu.	936	1 67	500
Selliers et tapissiers	3 00	900	2 00	600
Paveurs	3 33	1,000	2 40	720
Relieurs	3 00·	900	"	"

Le salaire des femmes ne s'élève, en général, qu'à la moitié du taux de celui des hommes, soit 1 couronne 79 öre ; et son *minimum* ne tombe pas habituellement au-dessous de 1 couronne 16 öre : leur salaire moyen est donc de 1 couronne 37 öre environ. Une femme peut, en 300 jours de travail, gagner 400 couronnes ; mais elle arrive quelquefois, dans des circonstances exceptionnellement favorables, à 535 couronnes. Son salaire annuel, pour la majorité des industries, n'est presque jamais inférieur à 350 couronnes.

Ces données très variables ne permettent pas d'établir aisément le montant des ressources dont dispose un ménage ordinaire d'ouvriers ; et, d'ailleurs, la femme mariée n'est pas toujours en état de gagner autant que le prévoit la statistique qui précède. On estime, cependant, ainsi qu'il suit, le revenu moyen d'une famille ouvrière, lorsque la femme est employée à un travail industriel :

Couronnes.

	Couronnes
1° Ménage d'ouvriers, où la femme exerce constamment une profession.	1,250
— où un enfant est placé au dehors et payé comme apprenti.	1,500
2° — où la femme n'a qu'un travail irrégulier	1,150
— où un enfant est placé au dehors et payé comme apprenti.	1,400
3° Ménage de journaliers, où la femme exerce constamment une profession.	1,050
— où la femme n'a qu'un travail irrégulier	900

Il serait encore plus difficile d'apprécier la part pécuniaire qu'apportent à leurs parents les enfants qui ne sont pas en apprentissage, et leur salaire dépend de leur âge et du genre d'industrie qui les emploie. Il équivaut à peu près à celui des jeunes apprentis. Dans les usines et fabriques, ils ne reçoivent que 50 à 75 öre par jour, soit annuellement de 150 à 220 couronnes, et rémunèrent ainsi l'enseignement qui leur est donné.

Quelles sont maintenant les ressources indispensables à

une famille ouvrière pour vivre modestement dans la capitale? M. le professeur Scharling a établi, dans une étude
publiée en 1881 par la *Revue d'économie nationale*[1], que la
nourriture d'un homme fait, vivant en famille et obligé d'a-
cheter ses provisions au détail, coûte environ 240 couronnes
par an : il s'agit, bien entendu, d'une alimentation simple,
mais suffisante comme quantité. Une femme consomme généralement un cinquième en moins et se nourrit avec 192
couronnes. Un enfant, qui n'est pas trop délicat, ne coûte à
nourrir que 9 couronnes par mois, ou 108 couronnes par an.
Mais, s'il y a plusieurs enfants d'âges différents, on estime
en chiffres ronds leurs frais annuels de nourriture à 100 couronnes par enfant.

Les dépenses de bouche d'une famille d'ouvriers s'élève-
raient donc approximativement et en comptant tout au plus
bas prix :

A 540 couronnes pour 2 adultes et 1 enfant ;
A 640   —   —   et 2 enfants ;
A 732   —   —   et 3 enfants.

Et ainsi de suite, en ajoutant 100 couronnes par chaque
enfant en plus.

Les loyers sont, à Copenhague comme dans toutes les
grandes villes, très onéreux pour la classe ouvrière, et le
choix du quartier influe beaucoup sur les prix, qui sont plus
élevés au centre que dans les faubourgs. Il résulte cependant, des tableaux statistiques publiés par le bureau de la
commune, que le prix d'une chambre oscille, pour la durée
d'un terme de six mois, entre 50 et 65 couronnes ; et qu'un
logement de deux pièces vaut pour le même temps de 80 à
105 couronnes.

Les économistes, qui se sont voués dans ce pays à l'étude
des questions ouvrières, évaluent à environ 100 couronnes les
dépenses diverses auxquelles une famille de travailleurs a
encore à faire face pour son entretien : blanchissage, net-

---

1. *National Œconomisk Tidskrift*, pages 197 à 241.

toyage, éclairage et chauffage ; à 40 couronnes l'habillement d'un enfant, de 120 à 150 couronnes l'habillement des parents. Il peut y avoir à rabattre sur ces diverses sommes, car il arrive assez souvent, par exemple, que des cadeaux de vêtements défraîchis, faits soit aux parents, soit aux enfants, viennent réduire les frais généraux du ménage.

Le budget des dépenses d'une famille d'ouvriers, convenablement nourrie et vêtue, logée petitement, mais d'une façon salubre, se résume donc ainsi :

Dépenses.	Homme et femme.	Parents avec 1 enfant.	Parents avec 2 enfants.	Parents avec 3 enfants.	Parents avec 4 enfants.
	Couronnes.	Couronnes.	Couronnes.	Couronnes.	Couronnes.
Nourriture	432	540	640	732	832
Blanchissage, chauffage et éclairage	100	100	100	100	100
Loyer	100	100	120	160	160
Vêtements et chaussures	120	160	200	240	280
Totaux	752	900	1,060	1,232	1,372

Ces chiffres ne comprennent rien pour les frais de médecin et de maladie, l'entretien ou le renouvellement du mobilier, son assurance, les cotisations d'ateliers, le tabac et les liqueurs, les plaisirs, ou pour des dépenses extraordinaires causées par la naissance des enfants, leur baptême, leur confirmation, etc. Dans quelques cas, il sera donc nécessaire, pour les ouvriers les moins bien rétribués ou pour ceux dont la femme et les enfants n'auront qu'un salaire médiocre, de chercher à rogner sur certains des articles dont la quotité a été pourtant calculée aussi exactement que possible. On s'en prendra d'abord aux vêtements et aux chaussures ; puis, aux dépenses prévues pour le blanchissage, l'éclairage et le chauffage ; enfin, mais seulement dans un besoin extrême, on réduira les dépenses de bouche, qui sont les dernières auxquelles on doive toucher pour ne pas compromettre la santé et le développement physique et moral de la famille.

Situation matérielle de l'ouvrier dans les villes de province.

Dans les villes de province, qui ne sont souvent que de grands villages, on peut, en déterminant un chiffre fictif, également distant des prix les plus forts, qui sont ceux des centres importants, et des plus bas, qui sont ceux des villes situées dans les districts ruraux, évaluer ainsi, sans risque d'erreur notable, les salaires ouvriers :

	Hommes.		Femmes.	
	Salaire.	P. 100 du salaire de Copenhague.	Salaire.	P. 100 du salaire de Copenhague.
	Couronnes.		Couronnes.	
Dans la grande industrie actionnée par des machines.	618	72.2	287	85.7
Dans l'industrie ordinaire. .	579	72.3	247	71.8
Dans les professions manuelles	500	70.1	192	67.0
Salaires moyens. . .	538	71.5	258	78.2

Si ces salaires moyens accusent une différence aussi considérable au-dessous du taux de ceux de la capitale, c'est que la grande industrie y est, en général, peu développée, et que les ouvriers appartenant aux professions manuelles sont en majorité. Les femmes, au contraire, étant peu employées en province à ces professions, sont mieux rétribuées que les hommes.

Toutefois, certaines villes ont des salaires dont le taux se rapproche beaucoup de celui de Copenhague. Un ouvrier y gagne assez facilement de 730 à 936 couronnes par an; et, sur quarante métiers différents, six seulement ne rapportent qu'un gain annuel de 624 à 730 couronnes. Vingt-deux autres professions, où les ouvriers travaillent à prix débattus, leur procurent un salaire supérieur à la moyenne; et cinq corps de métiers, plus avantageux encore, mettent jusqu'à 1,040 couronnes à la disposition de leurs ouvriers.

Ces chiffres ne doivent être pris qu'à titre d'indications. Ils sont, en effet, en désaccord sur tant de points les uns avec les autres, qu'on ne saurait sans imprudence s'en servir comme d'une base certaine pour fixer une moyenne exacte du taux des salaires dans les grands centres du Danemark.

Les statistiques officielles qui les concernent s'arrêtent, du reste, à 1872. Mais MM. Falbe-Hansen et Scharling déclarent que leurs recherches personnelles, secondées par de bienveillantes communications, leur ont permis d'établir des données plus précises sur les principales branches industrielles, et de dresser un état comparatif des salaires de Copenhague et de ceux de plusieurs villes de province.

PROFESSIONS.	Odense.	Assens.	Nœstved.	Nakskov.	Elseneur.	Copenhague.
	Cour.	Cour.	Cour.	Cour.	Cour.	Cour.
Peintres.	690	900	890	945	830	825
Maçons.	720	900	875	945	914	900
Cordonniers.	565	"	600	835	735	675
Tailleurs	690	600 à 700	900	1,050	850	1,200 à 1,300
Forgerons.	730	835	835	1,200	900	880
Menuisiers	670	835	750	900	814	750 à 1,000
Ouvriers de fabrique.	555	"	600	685	600 à 900	710
Hommes de peine. .	535	660	635	685	660	710

La différence est environ de 10 p. 100 en faveur du taux des salaires de la capitale. Cependant, les ouvriers des autres villes n'ont pas plus de peine à vivre, car l'existence y est relativement moins chère qu'à Copenhague. Mais il doit être noté que non seulement les ouvriers des fabriques sont moins payés en province, mais qu'ils y sont aussi moins bien traités, au point de vue du salaire, que leurs camarades des autres professions.

Situation matérielle de l'ouvrier à la campagne.

La dernière enquête officielle de 1872 avait établi, pour les salaires industriels dans les campagnes, les moyennes suivantes :

	Hommes.		Femmes.	
	Salaire.	P. 100 du salaire de Copenhague.	Salaire.	P. 100 du salaire de Copenhague.
	Couronnes.		Couronnes.	
Dans la grande industrie actionnée par des machines.	541	68.2	225	67.0
Dans l'industrie ordinaire. .	387	48.4	145	42.1
Dans les professions manuelles	390	54.6	162	56.4
Salaires moyens. . .	416	51.2	182	55.1

Les économistes s'accordent à reconnaître, et ces chiffres le démontrent surabondamment, que la situation des ouvriers de métiers est moins favorable à la campagne, quoique la vie y soit moins coûteuse, qu'à Copenhague et dans les villes.

Il est vrai de dire que les travailleurs agricoles, dont nous n'avons pas à nous occuper dans ce rapport, sont encore moins bien partagés, et que, depuis 1872, le prix des salaires s'est élevé d'environ 25 p. 100. S'il ne faut point oublier que, pendant ces dix-huit années, la valeur de l'argent s'est modifiée, cette augmentation a néanmoins produit une réelle amélioration dans les conditions économiques des deux classes ouvrières des campagnes.

Situation économique de l'ouvrier danois comparée à celle des ouvriers d'autres nations.

On ne saurait être trop prudent dans les essais de comparaison, auxquels on peut être tenté de se livrer sur les diverses situations économiques des ouvriers dans les pays industriels. Il ne suffit pas, en effet, pour une étude de ce genre, d'être exactement renseigné sur le taux des salaires quotidiens et annuels ; mais il faut encore apprécier, dans

chacune des nations, la somme de travail fournie par les ouvriers, tenir compte de leurs aptitudes spéciales et de leur
habileté, ainsi que de leur degré d'énergie dans les différents
climats, estimer le prix des objets de première nécessité et
l'élévation plus ou moins grande des dépenses indispensables.
La tâche n'est pas facile.

En 1878, elle a été entreprise, en ce qui concerne les salaires hebdomadaires, par les États-Unis d'Amérique [1], qui
ont chargé leurs consuls de recueillir toutes les informations
utiles dans les divers pays européens. La *Statistique du Danemark* présente quelques-uns des chiffres donnés dans le travail américain, ceux qui sont relatifs à la France, à l'Angleterre, à l'Italie, à l'Allemagne et à la Belgique, et met en
parallèle les évaluations officielles constatées en 1882 pour
l'industrie danoise.

Nous reproduisons ce tableau, qui nous a paru offrir un
véritable intérêt, en réduisant pour plus de clarté les couronnes en francs.

PROFESSIONS.	Dane-mark.	France.	Belgique.	Alle-magne.	Italie.	Angleterre.
	Fr.	Fr.	Fr.	Fr.	Fr.	Fr.
Boulangers	23 00	30 00	23 75	18 88	21 11	35 13
Relieurs	20 13	26 38	"	20 62	21 11	42 36
Imprimeurs	25 00	22 50	"	25 55	21 11	41 84
Bouchers	24 30	29 30	24 30	20 83	22 08	39 23
Tailleurs	22 15	27 50	"	19 30	19 44	27 08 à 30 44
Cordonniers	17 77	25 69	"	16 87	23 19	39 72
Selliers	20 83	27 01	25 90	19 44	21 11	36 80
Maçons	23 00	27 01	32 77	23 19	21 59	44 16
Peintres	22 43	25 76	22 70	21 18	24 79	39 23
Charpentiers	23 00	29 16	29 16	21 59	22 70	44 58
Serruriers et forgerons	21 11	29 51	23 75	20 48	21 31	43 88
Moyenne des chiffres portés	22 04 = 106.2	25 98 = 125.2	26 04 = 125.5	20 75 = 100.0	21 85 = 105.1	39 44 = 190.1

1. *Reports from the United States Consuls in several countries of Europa on the rates of wages, etc.* Washington, 1879.

Il résulte de ces moyennes, si l'on veut bien admettre que les professions énumérées peuvent donner une notion approximative de la situation des métiers manuels dans chaque État, que le taux des salaires n'est pas ici sensiblement inférieur à celui de quelques-uns des principaux pays industriels. Il est supérieur à celui de l'Allemagne, où les besoins et les conditions générales du travailleur sont presque identiques à ceux du travailleur danois ; et il se rapproche du taux des salaires italiens.

Les ouvriers français et belges reçoivent une rémunération d'environ 10 p. 100 plus élevée que celle des ouvriers danois, et les ouvriers anglais, mieux rétribués encore, touchent 80 p. 100 de plus qu'eux. Il ne faut pas perdre de vue que, dans ces trois pays, la vie est plus coûteuse qu'en Danemark. Mais, cette cherté de l'existence n'est pas en proportion de la surélévation du prix de la main-d'œuvre ; et on estime avec raison que les ouvriers français et belges sont dans une meilleure situation matérielle que les ouvriers danois, et que les ouvriers anglais sont particulièrement bien traités.

CONTRAT DE TRAVAIL. CHOMAGE

Fixation des salaires.

Les trois modes de paiement des salaires usités en Danemark sont : le salaire à la journée, le salaire à la tâche fixe limitée par jour, et le salaire aux pièces ou marchandage réglé par un accord entre le patron et l'ouvrier.

Il n'existe pas de règles constantes à cet égard ; mais le travail aux pièces, qui est toujours le plus favorable au bon ouvrier et lui permet de gagner de fortes journées, est généralement préféré dans l'industrie danoise. Les ouvriers en tabacs et cigares sont payés aux pièces, ainsi que les gantiers, les drapiers, les ouvriers en fouets, en cartes à jouer, en outils, les tisserands de bas, les porcelainiers et les vanniers.

Mais il y a de nombreux corps de métiers où ce mode de travail est exclu en principe : tels sont les boulangers, les bouchers, les barbiers, les chocolatiers, les doreurs, les chaudronniers, les plâtriers, les tireurs d'or, les meuniers, les passementiers, les voiliers, les tourneurs en bois, les fabricants de compas et de pavillons, etc.

Intervention des pouvoirs publics.

L'intervention des pouvoirs publics dans le contrat de travail, c'est-à-dire dans les rapports entre les patrons et les ouvriers, se manifeste, en dehors des dispositions légales ordinaires, par plusieurs lois spéciales, dont nous donnerons une analyse détaillée au cours de ce rapport.

Ce qu'on peut appeler la législation ouvrière danoise comprend trois lois : celle du 23 mai 1873 sur le travail des enfants et des jeunes gens dans les fabriques et les ateliers, celle du 30 mars 1889 sur les conditions des apprentis, et celle du 12 avril 1889 sur les mesures à prendre pour prévenir les accidents résultant de l'emploi des machines. Un service d'inspection administrative est chargé, dans toute l'étendue du royaume, de veiller à ce que leurs prescriptions soient observées.

Mais l'État n'interpose pas directement son autorité dans les contrats industriels proprement dits, même si le délai de dénonciation n'est pas respecté par l'ouvrier, en cas de grève partielle ou générale. Il n'a recours qu'à la persuasion et n'use pas de la force, à moins que les grévistes ne causent du désordre, ne forment des attroupements et parcourent les rues en manifestant, ou qu'ils ne se livrent à des menaces ou à des actes de violence pour forcer leurs camarades à cesser le travail.

L'exécution des contrats est assurée par les tribunaux ordinaires, qui allouent des dommages-intérêts à la partie lésée, en tenant compte des usages de l'industrie et de la localité, de la nature des services engagés, des conventions légalement formées entre le patron et l'ouvrier, et de toutes les circonstances appelées à déterminer l'étendue du préjudice causé.

Cause des chômages.

Les chômages, malheureusement assez fréquents, sont occasionnés ordinairement par l'état des affaires du patron et la fermeture de son établissement, ou par une crise accidentelle de l'industrie, qui vient réduire les commandes ou même les arrêter. En 1886, le travail a été rare dans un certain nombre de branches industrielles du Danemark, et bien des ouvriers se sont trouvés sans ouvrage. Ceux mêmes qui furent conservés par les chefs d'industrie durent se résigner à voir leurs salaires fixés en proportion du nombre d'heures pendant lesquelles ils étaient retenus à l'atelier, et, par suite, considérablement diminués.

D'autre part, certains corps de métiers ont leurs chômages réguliers. Les ouvriers occupés en plein air, tels que les paveurs, asphaltiers, maçons, peintres en bâtiments, charpentiers, etc., subissent une interruption plus ou moins longue de travail, et ne sont généralement rétribués que pendant les trois quarts de l'année.

Quelques autres sont appelés métiers de saison, les tailleurs, par exemple, dont le travail le plus important a lieu au printemps et à l'automne, et qui, dans les saisons intermédiaires, sont souvent obligés de chômer pendant de longues semaines.

ÉTABLISSEMENTS DANGEREUX OU INSALUBRES

Loi du 12 avril 1889.

La loi du 12 avril 1889 « sur les mesures à prendre en vue de prévenir les accidents pouvant résulter de l'emploi des machines, etc. », qui a été mise en vigueur le 24 octobre suivant, n'impose de prescriptions que sur la sécurité industrielle, et ne prévoit aucune mesure d'hygiène et de salubrité. Elle s'applique (art. 1er) à toute machine motrice, à toute machine opératrice et à tout appareil de transmission. Le ministre de la justice est chargé (art. 16, § 1er) de décider si un établissement doit être classé au nombre de ceux qui sont soumis à la loi.

Une réglementation, formulée dans les termes les plus précis et les plus détaillés, concerne les points suivants :

Approche des machines motrices et des machines opératrices ; transmissions ; saillies des arbres ; conducteurs électriques ; cavités dans lesquelles se meut un volant, une roue motrice ou une poulie ; turbines ; roues et appareils hydrauliques ; clôture ; couvertures des réservoirs et des canaux dans les ateliers ; moulins à vent (art. 2) ;

Passage entre les machines (art. 3) ;

Signal de mise en marche et d'arrêt ; nettoiement et graissage en marche (art. 5) ;

Éclairage ; entretien des planchers au voisinage des moteurs ; clôture des réservoirs qui contiennent un liquide chaud ou un métal en fusion (art. 6) ;

Interdiction des centrifuges de laiterie qui seront reconnus dangereux (art. 7).

L'article 8 exige que le fabricant ne livre une machine que lorsqu'elle aura été pourvue de tous les appareils de préservation.

L'article 9 prescrit la délivrance gratuite du texte de cette loi à tout patron ou ouvrier qui en fera la demande, ainsi que l'affichage de ses dispositions principales dans les fabriques et ateliers.

Les articles 10 et suivants confèrent la surveillance de ces établissements à des inspecteurs de fabriques, dont la mission s'exerce sur les fabriques et les machines à vapeur ou à gaz, et qui sont aussi chargés des fonctions qui incombaient antérieurement aux inspecteurs du travail des enfants et des jeunes gens ; et à des contrôleurs, dont le ressort ne s'étend que sur les machines actionnées par l'eau, le vent ou une force animale. Les premiers, au nombre de deux pour tout le Danemark, sont nommés par le roi et ont sous leurs ordres douze assistants commis par le ministre de la justice. Les autres sont élus par les municipalités à raison d'un au moins par commune, et ont chacun un ou plusieurs suppléants ; ils sont révocables par la municipalité, qui supporte seulement la moitié des frais de leur contrôle.

Enfin l'article 20 détermine les pénalités qui sanctionnent les dispositions de la loi, et spécifie que « celui qui se sera rendu coupable d'une contravention, patron, gérant, chef d'atelier ou surveillant de chaque branche de l'exploitation, sera seul rendu responsable de toute conséquence de la contravention ». Les amendes seront versées à la caisse des pauvres.

Il n'existe, — en dehors de cette loi spéciale, de certaines mesures d'hygiène et de sécurité ordonnées par les deux lois sur le travail des enfants et sur celui des apprentis, et des prescriptions générales de la loi sur la santé publique du 16 juin 1886, — que deux arrêtés relatifs aux établissements insalubres ou dangereux : l'arrêté du 7 novembre 1876, concernant l'ordre et la salubrité dans les fabriques de tabacs et cigares; et celui du 28 février 1877, relatif aux mesures à observer pour l'aménagement et la sécurité des fabriques d'allumettes.

Arrêté du 7 novembre 1876 relatif aux fabriques de tabacs et cigares.

Le premier contient les principales dispositions suivantes :

Les locaux fourniront 180 pieds cubes d'air par individu, et au minimum, dans certains cas, 150 pieds cubes ; leur ventilation sera parfaitement assurée.

Il y aura, dans ces fabriques, des locaux qui pourront être chauffés et seront spécialement affectés aux ouvriers pendant les heures de repos ; ceux-ci pourront y déposer leurs aliments. Les ateliers seront arrosés et balayés à la fin de la journée, et les murs et plafonds devront être blanchis au moins une fois par an. Il est interdit, sans autorisation particulière, d'établir des ateliers dans les sous-sols.

Les feuilles de tabac seront déballées dans des salles spéciales. Les séchoirs seront isolés, et les fours seront munis de longs tuyaux facilitant l'aération. Les séchoirs ne pourront jamais être affectés au travail.

Les moulins employés à moudre le tabac à priser seront entourés d'une enveloppe ou d'un tambour pour empêcher les poussières de pénétrer dans les ateliers. Les ouvriers ne devront point prendre leur repas dans les locaux à poussières de tabac.

Ce règlement est mis en vigueur dans toutes fabriques comptant plus de cinq ouvriers.

Arrêté du 28 février 1877 relatif aux fabriques d'allumettes.

Les seules dispositions à noter, dans le second arrêté, concernant les fabriques d'allumettes, sont ainsi formulées :

Chaque fabrique aura deux sorties communiquant avec la

rue, et, si le personnel est important, le nombre des sorties devra être augmenté.

Les enfants au-dessous de 14 ans ne seront employés ni à la fabrication des matières inflammables, ni à aucune opération relative à leur manipulation. Ils n'entreront jamais dans les séchoirs et ne seront admis à travailler dans les autres locaux que sous la surveillance d'ouvriers adultes.

Les ateliers seront tenus dans un état constant de propreté, et le sol sera nettoyé deux fois par jour, le matin et après la clôture du travail. Tous déchets pouvant facilement s'enflammer seront brûlés.

Responsabilité des patrons.

Si les trois lois qui constituent à l'heure actuelle toute la législation ouvrière danoise, infligent des amendes plus ou moins élevées aux patrons qui contreviennent aux mesures prises pour assurer la protection et la sécurité des travailleurs de tous âges et de tous sexes, elles sont muettes sur les réparations équitablement dues aux victimes des accidents du travail ; et nous avons indiqué plus haut que le deuxième paragraphe de l'article 20 de la loi du 12 avril 1889 se borne à énoncer que celui qui se sera rendu coupable d'une contravention, que ce soit le patron, son gérant, son chef d'atelier ou un surveillant, sera seul rendu responsable « de toute conséquence de la contravention ».

Le patron n'est donc responsable d'un accident survenu à un ouvrier dans sa fabrique ou dans son atelier, que s'il a eu lieu par sa faute personnelle. Il est, dans ce cas, justiciable des tribunaux ordinaires, qui peuvent accorder des dommages-intérêts au lésé, et sont, s'il y a mort ou blessure, appelés à appliquer les articles 301 et 302 du Code pénal, ainsi conçus :

« Art. 301. — Celui qui, volontairement ou par suite de négligence, occasionne à une autre personne une blessure, peut être condamné à payer, outre les frais nécessités par les soins à donner à la victime et par sa subsistance jusqu'à son complet rétablissement, une compensation pour le mal qu'il a fait et les dommages qu'a subis le blessé.

« Art. 302. — Quiconque aura été la cause de la mort d'une autre personne et aura mérité d'être puni pour ce fait, sera condamné à payer à la veuve ou aux enfants dont la victime était le soutien une somme d'argent, ou à leur fournir un secours annuel pendant un temps qui sera fixé. »

Mais, nous le répétons, aucun principe de responsabilité toute spéciale des employeurs industriels n'est encore posé en Danemark, et le patron n'est responsable ni des accidents causés par des tiers à son service, ni de ceux résultant de cas fortuits ou inhérents à son industrie, ni des maladies dites « professionnelles ». On n'y est cependant pas resté jusqu'à ce jour indifférent à la grave question de réparer les dommages si fréquents provenant de l'insalubrité des ateliers et des dangers de certains travaux, ainsi que du développement de l'outillage mécanique, et de rechercher, pour rendre la responsabilité des patrons moins illusoire et les obliger ainsi à sauvegarder la vie et la santé de leurs ouvriers, des moyens plus efficaces que ceux qui sont fournis par la législation civile ou pénale. Deux projets de lois ont été préparés sur l'organisation de « Caisses de secours en cas de maladies », et sur « l'assurance des ouvriers contre les suites des accidents arrivés pendant le travail ». On s'est inspiré, dans le second, de la loi allemande du 6 juillet 1884, relative à l'assurance contre les accidents, qui investit d'un droit de réglementation et de surveillance les associations de professions (*Berufsgenossenschaften*), et les autorise à exercer les pouvoirs conférés aux inspecteurs des fabriques conjointement avec eux.

Ces deux projets sérieusement étudiés ont été soumis au Parlement, qui les a confiés à une commission spéciale, dont on attend le rapport depuis plusieurs années.

PROTECTION DES ENFANTS,
DES FILLES MINEURES ET DES FEMMES

Aucune loi ne régit, en Danemark, le travail des femmes employées dans l'industrie. La sollicitude de la législation ouvrière danoise à l'égard des femmes ne s'est éveillée qu'en une seule occasion, au paragraphe 4 de l'article 5 de la loi du 12 avril 1889, relative aux mesures à prendre pour prévenir les accidents de machines. Il est ainsi conçu : « Tant que les machines seront en mouvement, il ne sera procédé au nettoiement, au graissage et à l'inspection qu'en tant que ces opérations pourront se faire sans écarter les clôtures, etc., et sans que les vêtements des travailleurs se trouvent en contact avec les parties courantes de la machine. *Les femmes ne pourront être employées à ces opérations.* »

Il y a là, semble-t-il, une lacune à combler : peut-être le Gouvernement et le Parlement jugeront-ils devoir intervenir pour protéger les ouvrières adultes, comme ils l'ont fait pour les enfants et les jeunes gens des deux sexes par la loi du 23 mai 1873, et pour les apprentis et apprenties par celle du 30 mars 1889.

Avant de résumer ces deux lois, nous rappellerons que, pendant l'année 1889, les 753 ateliers et fabriques soumis à la surveillance administrative ont employé 2,409 enfants, garçons et filles de 10 à 14 ans, et 2,802 jeunes gens des deux sexes de 14 à 18 ans ; et nous ferons remarquer que le nombre de ces établissements était de 761 en 1888, et qu'ils n'avaient employé pourtant que 2,383 enfants et 2,824 jeunes gens.

Pendant ces deux dernières années, ces jeunes ouvriers et ouvrières ont été ainsi répartis dans les divers groupes de l'industrie :

FABRIQUES ET ATELIERS.	Enfants.		Jeunes gens.	
	1888.	1889.	1888.	1889.
	P. 100.	P. 100.	P. 100.	P. 100.
Forges et machines	0.2	0.2	20.6	21.5
Mécanique, métallurgie, voitures.	1.2	1.1	10.7	11.1
Cartonneries et papeteries.	0.1	0.1	0.3	0.3
Objets en carton et en papier, tapis	6.3	6.3	4.3	4.3
Tuyaux de pipes, brosses et fleurs	2.1	2.6	1.0	0.9
Bois et liège	2.1	2.0	4.2	4.0
Imprimeries et librairies.	1.5	1.5	17.1	16.3
Lainage	6.8	7.1	7.2	7.9
Coton et lin	4.4	4.6	6.9	7.1
Produits chimiques	4.9	3.5	3.8	3.1
Allumettes	2.9	2.3	3.8	2.9
Grès et porcelaines	3.4	2.4	2.6	3.0
Verreries.	3.4	4.1	2.6	2.6
Tabac et cigares	58.6	59.5	13.2	13.4
Chicorée.	1.5	1.9	1.2	1.0

Le tableau suivant indique le nombre proportionnel d'enfants et de jeunes gens sur 100 ouvriers et ouvrières de tous âges, employés en 1888 et 1889 dans plusieurs des principales branches de l'activité industrielle :

FABRIQUES ET ATELIERS.	Enfants.		Jeunes gens.	
	1888.	1889.	1888.	1889.
	P. 100.	P. 100.	P. 100.	P. 100.
Forges et machines, mécanique et voitures .	0.1	0.1	10.2	10.1
Objets en papier et tapis	21.2	20.3	17.6	16.0
Imprimeries et librairies.	1.6	1.6	21.1	20.6
Lainage	7.8	7.8	9.7	10.0
Coton et lin	3.9	4.2	7.4	7.4
Allumettes.	13.8	12.5	21.5	17.8
Grès et porcelaines	4.2	3.1	3.8	4.5
Verreries.	16.9	16.1	15.6	11.8
Tabac et cigares	33.1	33.3	8.8	8.7
Chicorée.	14.0	16.4	13.2	10.2

Loi du 23 mai 1873.

La loi du 23 mai 1873 « sur le travail des enfants et des jeunes gens dans les fabriques et les ateliers exploités en fabriques, ainsi que sur le contrôle public de ces établissements », n'a subi aucun changement, bien qu'une commission, chargée d'examiner les conditions générales du travail, ait proposé, il y a onze ans environ, d'y apporter certaines modifications.

Un arrêté du ministre de l'intérieur décide, dans les cas douteux, si un établissement industriel doit être compris au · nombre de ceux qui sont soumis au contrôle administratif.

L'article 2 fixe à 10 ans l'âge d'admission des enfants au travail. Les enfants de 10 à 14 ans ne peuvent être employés plus de six heures et demie par jour, y compris une demi-heure de repos.

Le travail de nuit est interdit aux enfants de huit heures du soir à six heures du matin, et aux jeunes gens de neuf heures du soir à cinq heures du matin.

Les enfants et les jeunes gens ne peuvent, pendant leurs repas, rester dans les locaux où l'on travaille encore. Si ces locaux sont remplis de poussières ou de matières nuisibles à la santé, une salle particulière sera attribuée aux jeunes ouvriers pendant les heures de repos.

Ils ne travaillent pas le dimanche et les jours de fête de l'Église nationale.

Les enfants et les jeunes filles doivent être séparés, pendant le travail et les heures de repos, des ouvriers du sexe masculin, si la disposition des lieux et la nature de l'industrie le permettent.

Aux termes de l'article 7, si le ministre de l'intérieur estime que certains travaux sont trop fatigants ou nuisibles à la santé, il a le droit de défendre que les jeunes ouvriers y soient employés. D'un autre côté, le ministre peut, en ce qui concerne les travaux qui dépendent de l'état atmosphérique ou de la saison, autoriser quelques dérogations aux règles établies pour la durée du travail. Il n'est jamais permis, toutefois, d'employer les enfants de huit heures du soir à six heures du matin.

Avant d'employer un jeune ouvrier ou une jeune ouvrière, le patron doit se renseigner exactement sur son âge et recevoir du médecin du district ou d'un médecin autorisé l'attestation que son état de santé ne s'oppose pas à ce qu'il soit chargé du travail auquel on le destine.

L'enfant employé dans un établissement industriel est pourvu d'un certificat, délivré par son instituteur, et portant l'indication des heures pendant lesquelles il doit être à l'école, et ne peut être chargé d'un travail quelconque pendant le temps indiqué.

Il est tenu, dans tous ateliers et fabriques, un registre contenant les noms des enfants et jeunes gens employés, leurs domiciles, leurs âges conformes aux actes de naissance annexés, les noms et domiciles des pères et mères ou des parents nourriciers, ainsi que l'indication des heures d'école.

L'article 11 spécifie que les ateliers et les fabriques, ainsi que les machines et les engins qui s'y trouvent, « doivent être disposés de telle façon que la vie, la santé et les membres des travailleurs soient protégés de la manière la plus convenable ». Les enfants et les jeunes gens ne peuvent être employés à nettoyer aucune partie de la machine pendant qu'elle est en mouvement.

L'application de cette loi est confiée à deux inspecteurs, qui sont actuellement, ainsi qu'il a été expliqué au sujet de la loi du 12 avril 1889, chargés aussi de la surveillance générale des fabriques et ateliers ; ils sont tenus d'adresser un rapport annuel sur leur service au ministre de l'intérieur. L'un de ces fonctionnaires inspecte Copenhague et les provinces de la Séelande, de Lolland, de Falster et de Bornholm, et le second celles de la Fionie et du Jutland. Chaque inspection est divisée en six circonscriptions, dirigées chacune par un assistant, qui doit résider dans sa circonscription.

Ces divers fonctionnaires et agents ont accès dans tous les établissements soumis à la surveillance de l'administration, à toute heure du jour et de la nuit. Ils sont autorisés à demander des renseignements à quiconque se trouve dans la fabrique ou l'atelier, et à tous ceux qu'ils supposent y être employés ou y avoir été employés pendant les trois derniers mois. Ils vérifient les registres, examinent les pièces justificatives, et, s'il est nécessaire, réclament le concours de la police pour l'exécution de leur mission.

Le patron qui emploie un jeune ouvrier, est tenu d'adresser une notification écrite à la police, qui la fait parvenir à l'inspection.

Toute infraction aux dispositions de cette loi est punie d'une amende de 5 à 100 rigsdalers (10 à 200 couronnes), « si, dit l'article 15, elle ne donne pas lieu à de plus fortes peines d'après les règles générales de la législation ».

Lorsqu'un enfant aura été employé à un travail contrairement aux prescriptions légales, ses parents ou ses supérieurs seront passibles d'une amende de 2 à 10 rigsdalers (4 à 20 couronnes), s'il a été prouvé que ce travail a été exécuté avec leur adhésion.

Les amendes sont versées à la caisse de l'assistance publique de la paroisse où les contraventions ont été commises ; à Copenhague elles sont versées à la caisse de la commune.

Les articles du Code pénal, concernant les crimes et délits contre les fonctionnaires publics, seront applicables pour les crimes et délits commis contre les inspecteurs.

L'article 21, le dernier de cette loi, qui a rendu ici les meilleurs services et a été complétée depuis un an par la mise en vigueur des deux lois relatives aux conditions des apprentis. et aux accidents de machines, prescrit aux commissions de salubrité publique, ou, à leur défaut, aux maîtres de police de chaque localité, « de veiller à ce que les fabriques et ateliers soient tenus proprement, que l'air y soit suffisamment renouvelé et que ces établissements ne soient pas encombrés de travailleurs ».

Tenue des fabriques et ateliers en 1889.
Contraventions.

Le rapport de l'inspection constate que la tenue des établissements industriels, visités dans le courant de l'année dernière, a été excellente à tous les égards. Il n'a été relevé que cinq contraventions, et les condamnations auxquelles elles ont donné lieu ont toutes été légères.

La loi contient, d'ailleurs, dans son article 7 mentionné plus haut, une disposition assez élastique, faite pour diminuer les tentations que les patrons pourraient avoir de commettre quelques infractions. Les fonctionnaires de la police, représentant le ministre de l'intérieur, peuvent, dans certaines circonstances, consentir sous leur propre responsabilité à modifier la durée et la fixation des heures du travail. Il ne semble pas que ce pouvoir presque discrétionnaire ait des inconvénients ou qu'il en soit fait abus. Il a, en tout cas, le mérite incontestable de faciliter, dans les jours de presse, la tâche des patrons et des chefs d'industrie, et de permettre en même temps à des enfants et à des jeunes gens déjà vigoureux d'augmenter un peu leur salaire quotidien.

Loi du 30 mars 1889 sur les conditions
des apprentis.

La loi « sur les conditions des apprentis des deux sexes » avait été repoussée par le Parlement dans les sessions de 1880 et de 1881 ; présentée de nouveau en 1889 par le Gouvernement avec quelques modifications, elle a été, après le vote favorable des deux Chambres, promulguée le 30 mars 1889 et mise immédiatement en vigueur.

Son article 1er dispose que : « Tout patron — dénomination par laquelle la présente loi désigne tout artisan, fabricant, débitant ou autre industriel qui s'engage à enseigner son métier à quelqu'un — devra, si son industrie est patentée et

si l'apprenti n'a pas accompli sa 18e année, avoir soin de
faire dresser par écrit un contrat d'apprentissage, lequel contrat sera revêtu, par l'autorité publique de sa résidence, d'une
mention constatant qu'il est dressé en conformité des prescriptions de la présente loi. Dans le cas où ces dispositions
ne seraient point observées, le contrat serait nul. »

Les autorités locales délivrent gratuitement des formules
de contrat d'apprentissage.

Il est interdit d'engager des apprentis : 1° à tout industriel
qu'un jugement aura reconnu coupable d'une action déshono-
rante, à moins qu'il n'ait obtenu sa réhabilitation ; 2° à celui
dont l'exploitation aura subi à trois reprises des interruptions
par suite de faillite déclarée ou pour tout autre motif, interruptions entraînant, aux termes de la présente loi, révocation
des contrats d'apprentissage ; et 3° à celui qui, dans le courant
de cinq années, se sera rendu trois fois coupable d'infractions
ayant motivé la révocation de contrats de cette nature.

La durée de l'apprentissage est fixée dans le contrat et ne
peut, dans aucun cas, dépasser cinq années.

Le contrat n'est obligatoire pour l'apprenti que jusqu'à ce
qu'il ait atteint sa 20e année. S'il ne veut plus continuer
l'apprentissage, le patron est également dégagé de toutes les
obligations stipulées dans le contrat.

Cet acte doit indiquer si celui qui engage un apprenti est
tenu de le vêtir, de lui fournir le vivre et le couvert, le blanchissage, etc., ou seulement de rémunérer son travail par
une rétribution pécuniaire, et, dans ce dernier cas, fixer
le taux et le mode de paiement du salaire. Le contrat doit
également déterminer si le patron s'engage à payer l'enseignement de l'apprenti dans une école de commerce ou technique, et à supporter les frais de l'épreuve de compagnonnage.

Les trois premiers mois sont considérés comme un temps
d'essai, pendant lequel il est loisible tant au patron qu'à l'apprenti, si celui-ci a accompli sa 18e année, sinon à ses père
et mère ou à son tuteur, de demander, sans indication de
motif, la résiliation du contrat.

L'apprenti (art. 6) doit à son patron fidélité, obéissance et respect; il est tenu d'aider le patron à travailler, dans la mesure de ses forces et de son habileté.

La durée du travail de l'apprenti n'ayant pas accompli sa 18e année est fixée, lorsqu'il est employé dans les établissements soumis à la surveillance administrative, conformément aux dispositions de la loi du 23 mai 1873 : six heures et demie de 10 à 14 ans, avec une demi-heure de repos ; douze heures de 14 à 18 ans, avec deux heures de repos. Pour l'apprenti de métier n'ayant pas accompli sa 18e année, auquel cette loi n'est point applicable, le temps de travail ne peut dépasser 12 heures, dans lesquelles sont comprises deux heures pour le repos et pour les repas. Une exception générale est accordée aux apprentis boulangers, et, à Copenhague, aux apprentis pâtissiers et confiseurs.

Aucun travail ne peut être imposé aux apprentis de métier et aux apprentis marchands entre neuf heures du soir et cinq heures du matin ; mais le ministre de l'intérieur a le droit d'accorder des exceptions à cette règle. Les patrons ne peuvent imposer aucun travail aux apprentis les dimanches et jours de fêtes de l'Église nationale, après neuf heures du matin.

Le patron doit surveiller la conduite de l'apprenti et le garantir de son mieux contre toute influence immorale. Il ne doit pas l'employer à des travaux nuisibles à sa santé ou disproportionnés à ses forces, ou à des travaux qui ne se rapportent pas à son métier. « Les apprentis, dit le paragraphe 2 de l'article 9, seront soumis jusqu'à leur 18e année à la correction dont le patron est autorisé à user dans sa maison ; mais cette correction ne sera point applicable aux apprenties. »

Le patron est tenu de mettre l'apprenti en état d'apprendre son métier aussi complètement que possible et de passer l'épreuve de compagnonnage. Si, à l'expiration de l'apprentissage, l'apprenti ne passe pas cette épreuve, le patron doit lui donner un certificat constatant le temps qu'il est resté à son service et le degré d'habileté qu'il a atteint dans son métier. Mais, s'il est reconnu que le patron ne s'est pas suffisamment occupé de l'instruction de l'apprenti, et si celui-ci n'a pu ni subir l'épreuve de compagnonnage, ni obtenir le certificat attestant son habileté, le patron paiera à l'apprenti une indemnité fixée d'après jugement arbitral. Le patron sera puni conformément aux lois pénales, s'il a donné dans son certificat une attestation notoirement fausse.

L'article 11, qui est très étendu, prévoit les divers cas qui peuvent se produire si l'apprenti tombe malade, soit au point de vue des soins à donner et des dépenses qui en résultent, soit à celui de la résiliation du contrat.

Avant la révocation d'un contrat d'apprentissage, il est interdit de passer un autre contrat avec l'apprenti, ou de l'employer comme aide dans le même métier.

Le contrat d'apprentissage perd ses effets : 1° par suite du décès du patron ; 2° lorsque le métier ou l'exploitation cesse ou est suspendu après une faillite déclarée ou par quelque autre motif ; 3° lorsque le patron aura été reconnu, par jugement, coupable d'un acte déshonorant ; et 4° lorsque l'apprenti aura quitté l'apprentissage sans y être autorisé, si le patron n'a pas, dans le délai de quinze jours, pris les mesures nécessaires pour l'y faire réintégrer par la police ou se faire allouer une indemnité.

Le contrat peut être révoqué par le patron : 1° en cas de maladie de l'apprenti, conformément aux prescriptions de l'article 11 ; 2° lorsque l'apprenti aura manqué gravement à ses devoirs ; et 3° lorsque l'apprenti aura été reconnu, par jugement, coupable d'un acte déshonorant.

Le contrat peut être révoqué par l'apprenti, ou, en son nom, par ses père et mère ou par son tuteur : 1° lorsque le patron se sera rendu coupable de mauvais traitements à l'égard de l'apprenti, ou aura manqué gravement à ses devoirs vis-à-vis de lui ; 2° dans certains cas prévus où le patron aura changé de domicile ; 3° si le patron est absent de son établissement pendant plus de deux mois sans le faire gérer par un homme du métier ; 4° si, par suite de maladie ou pour toute autre cause, l'apprenti a perdu l'aptitude qu'il avait lors de

la passation du contrat à se faire instruire dans le métier ;
ou si, de l'avis du médecin, la continuation de son apprentissage peut exposer sa vie ou nuire à sa santé ; 5° en cas de
mariage d'une apprentie ; et 6° lorsqu'une apprentie est logée
dans la maison d'un patron marié, si les deux époux n'habi-
tent plus ensemble ou si la femme vient à mourir.

Le patron et l'apprenti ont toujours, d'ailleurs, le droit de
révoquer le contrat en acquittant l'indemnité prévue à cet
effet.

Tout dissentiment est réglé par un jugement arbitral, à
moins que le patron et l'apprenti ne soient convenus d'un
procédé différent. L'arbitrage est prononcé par un fonctionnaire président de droit (à Copenhague un membre de l'administration municipale, dans les villes de province le
bourgmestre, et à la campagne le maître de police), et par
deux personnes nommées chacune par les deux parties en
cause. L'arbitrage peut décider qu'une indemnité sera payée
à la partie lésée, ou révoquer le contrat.

Les derniers articles fixent le chiffre des diverses amendes
qui seront infligées par les tribunaux de police à ceux qui
auront contrevenu à la loi, dont les principales dispositions
sont également applicables, aux termes de l'article 21, lorsque les apprentis auront accompli leur 18e année.

DURÉE DE LA JOURNÉE DE TRAVAIL

DES ADULTES

La législation danoise, qui, ainsi que nous l'avons exposé dans le chapitre précédent, a limité la journée de travail pour les enfants et les jeunes gens au-dessous de 18 ans, ainsi que pour les apprentis, ne contient aucune disposition ayant pour but de réglementer la durée du travail journalier des adultes des deux sexes dans les établissements industriels.

A Copenhague, la journée moyenne de travail peut être évaluée à douze heures environ ; mais, dans tous les ateliers et chantiers, comme dans toutes les usines et manufactures, ces douze heures sont coupées par un ou plusieurs repos, dont la durée totale n'est presque jamais inférieure à deux heures.

Dans les provinces, les hommes et les femmes adultes sont employés treize heures par jour en moyenne, y compris deux heures de repos.

Le tableau suivant indique la durée du travail dans chacune des branches d'industries et dans les principaux corps de métiers de la capitale ; il conviendra d'ajouter une heure en plus pour la plupart de ces mêmes industries et corps de métiers dans les provinces.

Professions.	Durée de la journée de travail.
Armuriers.	12 heures.
Bijoutiers	12 —
Billardiers.	12 —

Professions.	Durée de la journée de travail.
Bouchonniers.	11 à 12 heures.
Boulangers.	Le travail commence de 8 h. du soir à minuit, et dure jusqu'à 6, 7 ou 8 h. du matin.
Brossiers	12 heures.
Carrossiers.	De 12 à 13 heures.
Chaisiers	12 heures.
Chapeliers.	12 —
Charpentiers	De 8 à 12 h. suivant les saisons.
Charpentiers de marine. . . .	De 10 à 11 heures.
Charrons	12 heures.
Chaudronniers	12 —
Chauffeurs.	De 8 à 12 heures.
Cigariers	De 12 à 13 —
Cordonniers	De 12 à 14 —
Couturiers.	De 12 à 13 —
Couvreurs.	10 heures.
Doreurs et encadreurs	12 —
Ferblantiers	12 —
— (en constructions).	De 8 à 12 h. suivant les saisons.
Fondeurs	12 heures.
Gantiers.	12 —
Graveurs	De 8 à 12 h. suivant les saisons.
Horlogers	12 heures.
Imprimeurs	12 —
Imprimeurs sur métaux. . . .	12 —
Maçons et aides-maçons . . .	De 8 à 12 h. suivant les saisons.
Mécaniciens	12 heures.
Menuisiers.	12 —
— (en constructions) .	De 8 à 12 h. suivant les saisons.
Meuniers	12 heures.
Mouleurs en plâtre	12 —
Orfèvres.	De 10 à 12 heures.
Passementiers	12 heures.
Paveurs.	De 8 à 12 h. suivant les saisons.
Plâtriers.	De 8 à 12 —
Peintres en bâtiments	De 8 à 12 —
Peaussiers.	De 12 à 14 heures.
Pelletiers	12 heures.
Pianos (ouvriers en).	De 10 à 12 heures.
Potiers	12 heures.
Relieurs.	12 —
Scieurs de bois.	12 —

Professions.	Durée de la journée de travail.
Scieurs de long.	De 10 à 12 heures.
Sculpteurs.	12 heures.
Selliers	De 12 à 14 heures.
Serruriers.	12 heures.
Tailleurs	De 12 à 13 heures.
Tailleurs de pierres	12 heures.
Tanneurs.	12 —
Tapissiers.	12 —
Teinturiers	12 —
Terrassiers.	De 12 à 14 heures.
Tireurs d'or	12 heures.
Tisseurs.	12 —
Tonneliers.	12 —
Tourneurs en bois.	12 —
— en métaux	12 —
Typographes.	De 10 à 10 heures $^1/_2$.
Vanniers	12 heures.
Vitriers	De 8 à 12 h. suivant les saisons.
Voiliers.	12 heures.

La durée du travail quotidien s'est ainsi proportionnée, en 1888 et 1889, dans les principaux groupes de fabriques et d'ateliers soumis à la surveillance administrative.

ATELIERS ET FABRIQUES.	1888.					1889.				
	Nombre des établissements	12 heures et au-dessous.	12 à 13 heures.	13 heures.	Au-dessus de 13 heures.	Nombre des établissements	12 heures et au-dessous.	12 à 13 heures.	13 heures.	Au-dessus de 13 heures.
		P. 100.	P. 100.	P. 100.	P. 100.		P. 100.	P. 100.	P. 100.	P. 100.
Forges et métallurgie	155	85.2	5.2	9.6	"	155	86.4	5.2	8.4	"
Papeteries	34	70.6	8.8	17.7	2.9	31	80.7	3.2	12.9	3.2
Ouvrages en bois et en liège.	41	80.5	14.6	4.9	"	43	83.7	14.0	2.3	"
Librairies et imprimeries.	163	91.4	8.6	"	"	163	92.0	8.0	"	"
Lainages, coton et lin	94	39.4	17.0	38.3	5.3	94	39.3	18.1	40.4	2.2
Produits chimiques et allumettes	48	64.6	10.4	29.9	2.1	45	60.0	17.8	20.0	2.2
Poteries et briqueteries	37	8.1	24.3	10.8	56.8	36	11.1	25.0	8.4	55.5
Tabac et cigares	149	71.2	23.5	5.3	"	145	72.4	25.5	2.1	"

Il ressort de ces chiffres, ainsi que de ceux portés dans le tableau suivant, qui indique pour 1888 et 1889 la proportion exacte de la durée de la journée de travail dans tous les établissements inspectés à Copenhague et dans les diverses provinces, une tendance marquée à la réduire à 12 heures. Si quelques patrons et chefs industriels résistent encore et persistent à demander 13 et même 14 heures à leurs ouvriers, une amélioration notable s'est produite à cet égard dans les ateliers et les fabriques de province depuis une dizaine d'années, et le maximum de 12 heures n'est presque jamais dépassé aujourd'hui dans la capitale.

| | 1888. | | | | 1889. | | | |
	Nombre des établissements	12 heures et au-dessous.	12 à 13 heures.	13 heures.	Au-dessus de 13 heures.	Nombre des établissements	12 heures et au-dessous.	12 à 13 heures.	13 heures.	Au-dessus de 13 heures.
		P. 100.	P. 100.	P. 100.	P. 100.		P. 100.	P. 100.	P. 100.	P. 100.
Copenhague.	253	92.8	3.5	3.3	0.4	252	93.7	3.9	2.0	0.4
Séelande	183	66.7	11.4	15.4	6.5	180	67.8	11.7	14.4	6.1
Lolland et Falster.	27	55.5	26.0	18.5	"	27	55.5	26.0	18.5	"
Bornholm.	21	33.3	47.6	14.3	4.8	21	33.3	47.6	14.3	4.8
Fionie	90	55.5	20.0	14.5	10.0	91	58.2	18.7	13.2	9.9
Jutland.	187	62.6	16.5	18.2	2.7	182	64.3	18.7	15.9	1.1
Tout le pays	761	71.8	12.6	11.9	3.7	753	73.0	13.2	10.6	3.2

Jusqu'à la conférence de Berlin, cette question de la durée du travail des adultes n'avait pas préoccupé très vivement l'opinion publique en Danemark, où les classes laborieuses s'étaient toujours efforcées d'obtenir plutôt des augmentations de salaires qu'une diminution plus ou moins grande des heures de travail. Il n'en est plus ainsi actuellement, surtout depuis la manifestation du 1er mai dernier, qui s'est faite, ici comme dans tous les centres ouvriers, aux cris de « huit heures de travail par jour » ; et le courant des revendications des nombreux groupes de travailleurs, qui obéissent au mot d'ordre international, semble se porter principalement dans cette direction. Les maçons et les chauffeurs de navires, qui se sont mis en grève cette année, réclamaient la réduction à neuf heures de la journée normale, tout en proclamant bien haut que ce ne serait qu'un acheminement vers la journée de huit heures. L'échec complet qu'ils ont éprouvé n'est fait, sans doute, ni pour les engager à renouveler de sitôt leurs tentatives, ni pour inspirer à leurs camarades des autres corps de métiers l'envie de les imiter. Mais, il est à espérer que les fabricants et les patrons, qui, dans ces dernières années et par une progression continue, ainsi que le prouvent la statistique et les tableaux insérés plus haut, ont consenti à une appréciable diminution de la journée ouvrière, seront assez sages pour ne pas abuser de leur victoire, et qu'ils se prêteront à un apaisement de ces discussions passionnées encore plus qu'intéressées, en faisant quelques concessions dont l'étendue et l'importance ne sauraient être fixées en ce moment.

Il est donc probable que la durée actuelle du travail journalier arrivera, dans un temps plus ou moins prochain, à être légèrement réduite en Danemark d'un commun accord entre patrons et ouvriers, et que le Gouvernement, obligé à une extrême réserve dans une question aussi délicate que celle de restreindre la liberté du travail même dans un but moral et humanitaire, n'aura pas à réaliser par voie législative l'une des principales réformes à l'ordre du jour.

TRAVAIL DU DIMANCHE

Ainsi que nous l'avons exposé ci-dessus (p. 32 et 37), la législation danoise interdit le travail du dimanche et des jours de fêtes de l'Église nationale aux enfants et aux jeunes gens qui n'ont pas dix-huit ans et sont employés dans les fabriques et ateliers soumis à la surveillance, et formule expressément qu'aucun travail ne pourra être imposé à un apprenti les dimanches et jours fériés, après neuf heures du matin. Mais elle ne prescrit, pour les ouvriers adultes des deux sexes, ni le repos du dimanche, ni un jour de repos obligatoire par semaine.

Loi du 7 avril 1876.

La loi du 7 avril 1876, « concernant la paix publique et les jours de fêtes de l'Église nationale », dont les dispositions sont presque aussi restrictives que celles de la loi anglaise, et qui n'autorise, les dimanches et jours fériés de neuf heures du matin à quatre heures du soir, ni vente ni achat dans les rues et places publiques, ainsi que dans les boutiques qui doivent rester fermées à l'exception des pharmacies, boulangeries et laiteries, se borne à interdire pendant ces mêmes jours et ces mêmes heures « tous travaux à l'intérieur ou à l'extérieur des établissements, si le bruit qui en résulte ou leur exécution sont de nature à troubler la paix du jour férié ». Les contraventions sont punies par des amendes s'élevant de 1 à 200 couronnes.

Projet de loi du 31 mars 1890.

Au commencement de cette année, et quoiqu'on puisse affirmer que, sauf les exceptions nécessaires, le repos dominical soit la règle générale des établissements industriels en Danemark, le Gouvernement, dont les délégués à la conférence de Berlin ont émis un vote favorable à toutes les dispositions du vœu relatif à l'interdiction du travail du dimanche, avait présenté au Parlement un projet de loi complétant, dans l'intérêt de l'amélioration physique et morale de l'ouvrier, celle du 7 avril 1876. Les articles suivants de ce projet, que le Folkething a adopté avec quelques amendements le 31 mars, sont les seuls qui se rapportent au sujet que nous traitons :

« Art. 3. — Dans les fabriques et ateliers, tout travail doit être interrompu les dimanches et jours fériés, de neuf heures du matin à minuit.

« Cependant, le ministre de l'intérieur est autorisé à accorder des exceptions complètes ou partielles, s'il est reconnu que la nature de l'industrie exige la continuité du travail, ou que son interruption causerait un réel dommage aux matériaux en cours d'emploi.

« Dans ce cas, l'ouvrier doit avoir un dimanche libre sur deux.

« Les exceptions accordées sont publiées dans le *Bulletin des lois*.

« La police locale peut aussi donner l'autorisation de nettoyer et de réparer les machines et les outils, lorsque ces opérations sont reconnues urgentes.

« Art. 4. — Les prescriptions contenues dans l'article précédent sont applicables au 5 juin, jour de la fête de la Constitution, à partir de midi ; au premier jour de l'année, aux jours de Noël, de Pâques, de la Pentecôte et à leurs lendemains, ainsi qu'au jour dit « des grandes prières ».

« Art. 5. — Elles s'appliquent également aux jours d'élections du Landsthing et du Folkething, depuis l'ouverture jusqu'à la clôture du scrutin.

« Art. 7. — Les contraventions seront punies par des amendes s'élevant de 10 à 200 couronnes. Les patrons qui auront employé des ouvriers, contrairement aux prescriptions légales, seront passibles d'une amende supplémentaire de 5 couronnes, et, en cas de récidive, de 10 couronnes par chaque ouvrier employé.

« Les contrevenants seront traduits devant le tribunal de simple police. »

Le lendemain, le Landsthing vota à son tour ce projet de loi, mais en modifiant quelques-unes de ses dispositions essentielles.

La Chambre haute ajoutait aux exceptions prévues au paragraphe 2 de l'article 3, concernant les autorisations accordées par le ministre de l'intérieur, la généralité suivante qui enlevait à la loi son véritable caractère et sa portée : ... *si les affaires l'exigent ;* et elle supprimait le paragraphe 3 du même article disant que l'ouvrier doit avoir un dimanche libre sur deux.

Elle annulait aussi les articles 4 et 5, sans les remplacer par un nouveau texte amendant dans une plus ou moins grande mesure le texte adopté par le Folkething.

On était en fin de session : l'accord ne put se faire entre les deux Chambres, et ce projet de loi qui, en fait, interdisait le travail du dimanche de neuf heures du matin à minuit, et assurait aux travailleurs un repos hebdomadaire et plusieurs autres repos fixés à des dates précises dans le courant de l'année, ne reçut pas la sanction législative.

ÉTRANGERS

Le dernier recensement de la population a constaté qu'il
y avait en Danemark environ 62,000 étrangers, se décompo-
sant approximativement comme il suit :

Schleswigois et Holsteinois (habitants des duchés perdus en
    1864) 22,000
Suédois 24,000
Norvégiens 2,800
Allemands 11,200
Autres étrangers 2,000

                Total 62,000

Ces immigrants, dont la grande majorité est d'origine danoise ou scandinave, sont tous bien accueillis et bien traités ;
on ne leur témoigne généralement aucune hostilité pour la
concurrence qu'ils font aux patrons et aux travailleurs na-
tionaux. Une certaine animosité s'est pourtant produite, il y
a quelques mois, contre les ouvriers chauffeurs qui arrivaient
de Suède et de Norvège pour prendre la place de leurs camarades grévistes sur les bâtiments de la principale compagnie
de navigation du pays. La police dut s'interposer plusieurs
fois et procéder même à quelques arrestations. Mais des cas
de ce genre sont heureusement fort rares, et il est à remarquer que ces étrangers intervenaient dans un conflit survenu
entre patrons et salariés et qui avait pris de graves propor-
tions. Plusieurs équipes d'ouvriers italiens et allemands ont
été appelées par l'administration municipale de Copenhague,

pendant ces dernières années, pour l'exécution de travaux spéciaux de voirie, et, si quelques réclamations se sont élevées, aucun acte d'intimidation ou de violence n'a été commis à leur égard.

Les fabricants et entrepreneurs nés hors du pays ne sont pas soumis à des obligations différentes de celles auxquelles sont assujettis les fabricants et entrepreneurs danois ; et une loi du 19 décembre 1857, encore en vigueur, déclare dans son article 17 qu'ils sont même dispensés de prendre la patente connue ici sous le nom de « lettres de bourgeoisie ».

Loi du 15 mai 1875.

Quant aux ouvriers de nationalité étrangère, leur situation est réglée par la loi du 15 mai 1875, dont il convient de résumer sommairement les principales dispositions.

Les étrangers arrivant ou voyageant en Danemark n'ont plus besoin d'être munis d'un passeport ; mais les ouvriers qui viennent y chercher du travail doivent être porteurs d'une pièce émanant d'une autorité compétente de leur pays d'origine et établissant leur identité.

L'ouvrier étranger devra se présenter devant le maître de la police, qui examinera s'il y a quelque chance de trouver du travail dans la localité, et s'assurera s'il possède l'argent nécessaire pour subsister pendant huit jours. Ce fonctionnaire légalisera les pièces dont l'ouvrier est porteur et lui délivrera un livret, qui lui servira de permis de séjour.

Si l'ouvrier étranger n'est muni d'aucun certificat émanant des autorités de son pays, ou s'il est sans travail et sans moyens d'existence, le maître de police aura le droit de l'expulser et de le faire conduire à la frontière.

S'il a l'intention, après avoir reçu un livret, d'aller chercher du travail dans une autre commune, il devra préalablement faire viser son livret et le présenter au maître de police de cette nouvelle localité, qui procédera à son égard de la même façon qu'à son arrivée dans le pays.

Le patron danois ayant à son service un ouvrier étranger doit le constater sur son livret, et y mentionner aussi son départ s'il vient à le quitter.

L'ancien droit de l'ouvrier de nationalité étrangère de s'adresser aux corps de métiers pour obtenir un secours (*Geschenk*) est supprimé.

Si l'ouvrier étranger commet un délit ou un crime, la condamnation sera inscrite par la police sur son livret; mais, s'il se conduit bien pendant cinq années après avoir subi la peine qu'il a encourue, il n'en sera pas fait mention sur le nouveau livret qui lui sera remis.

L'ouvrier étranger qui a obtenu le droit d'indigénat danois est dispensé d'avoir un livret.

GRÈVES

La cessation concertée du travail ou le droit de grève n'est pas sanctionné par la législation danoise. Mais les pouvoirs publics, s'inspirant de l'article 83 de la Constitution, qui dispose que « toutes les restrictions à la liberté du travail, non « fondées sur des raisons d'utilité publique, seront abolies « par une loi », n'interviennent, ainsi que nous l'avons expliqué au chapitre du *contrat de travail* (p. 23), que lorsqu'il y a désordre ou manifestation dans la rue, ou lorsqu'il y a atteinte portée au libre exercice du travail et de l'industrie, résultant de menaces, de manœuvres frauduleuses ou de violences.

Causes habituelles des conflits.

Les conflits qui s'élèvent en Danemark entre patrons et ouvriers prennent, depuis quelques années, la forme d'agitations collectives, et ont pour causes habituelles les difficultés qui se rattachent aux questions de salaire et de chômage, ainsi qu'à la durée de la journée de travail. Ils sont prévenus par l'accord amiable, ou résolus après cessation de travail soit par entente directe, soit par voie d'arbitrage ; dans ce cas, un comité est formé de délégués en nombre égal de patrons et d'ouvriers.

Les trois grèves les plus importantes de ces six dernières années, celle des forgerons et des mécaniciens en 1885 et celles des maçons et des chauffeurs de navires en 1890, dont nous allons retracer rapidement les causes et les résultats, sont bien faites pour marquer ce qu'est actuellement la lutte du capital et du travail dans ce pays.

Grève des forgerons et des mécaniciens en 1885.

La grève des forgerons et des mécaniciens de Copenhague commença le 14 juillet 1885, et ne prit fin que le 16 novembre. Elle avait pour point de départ le refus opposé par un fabricant aux demandes de ses ouvriers, qui voulaient l'obliger à leur garantir un salaire minimum. Les patrons, mis sur leurs gardes par une grève partielle qui avait eu lieu quelques mois auparavant, avaient formé un syndicat. Aussi, dès que la grève fut annoncée, ils coupèrent court au mouvement par un « *lock-out* », qui devint d'autant plus grave que les serruriers s'étaient joints ensuite aux forgerons et aux mécaniciens.

Soixante-quatre associations ouvrières s'efforcèrent de venir en aide aux ouvriers ainsi congédiés ; mais elles ne purent que prolonger infructueusement la résistance. Le travail recommença dès le 28 octobre, et, quinze jours après, tous les ouvriers étaient rentrés dans les fabriques, sans qu'aucune concession sérieuse leur eût été accordée. La demande d'un salaire minimum ne fut même pas renouvelée ; les réunions publiques cessèrent en province ; la pensée d'un congrès ouvrier scandinave fut abandonnée, comme aussi le projet d'organiser une union coopérative ouvrière ayant pour but de créer un établissement de construction de machines.

De grandes pertes pour les deux partis en présence furent le seul résultat de cette grève, qui avait duré dix-huit semaines. On estime à 150,000 couronnes le montant des secours donnés aux grévistes ; mais, probablement, on reste en cela au-dessous de la vérité.

Grève des maçons en 1890.

Pendant une partie de l'hiver dernier, les travaux de construction avaient éprouvé le ralentissement périodique rendu inévitable par la température ; mais, depuis le retour du beau temps, une grande activité régnait sur tous les chantiers de Copenhague, et rien ne semblait dénoter, dans l'attitude des maçons, le mécontentement qui précède ordinairement les grèves, lorsqu'au lendemain de la manifestation du 1ᵉʳ mai on signala parmi eux quelques symptômes d'agitation.

Dès le 5 mai, ils firent connaître à leurs patrons les conditions nouvelles auxquelles ils désiraient travailler. Elles portaient à la fois sur la réduction du temps de travail et sur l'élévation du taux des salaires. En hiver la journée devrait être à l'avenir de sept heures au lieu de sept heures et demie ; de huit heures en février et novembre, et de huit heures et demie en mars et octobre, au lieu de neuf heures ; et d'avril à septembre, de neuf heures au lieu de dix. L'heure de travail serait payée à raison de 50 öre (71 centimes environ) au lieu de 35 ou de 36 öre (49 ou 50 centimes).

Les patrons se montrèrent tout de suite disposés à certaines concessions, et la commission mixte qui fut nommée tomba d'accord sur les points suivants : maintien de la durée actuelle de la journée de travail, et augmentation assez notable (80 öre par jour) du prix de la main-d'œuvre en automne et en hiver. Mais, les meneurs veillaient : une assemblée générale des ouvriers maçons désavoua ses délégués, et la grève fut déclarée le 12 mai. « La lutte engagée par les maçons, disait le *Social Demokrat,* l'organe du parti ouvrier en Danemark, est la lutte de tous les travailleurs pour la vie. Qu'ils réussissent, et leur succès sera le signal de la réduction générale du temps de travail. S'ils échouent, nos espérances seront ajournées à l'infini. »

109 patrons formèrent aussitôt un syndicat et souscrivirent une somme de 100,000 couronnes, destinée principalement

à soutenir les petits patrons que la grève mettait dans l'embarras. Une vingtaine de ceux-ci seulement firent défection, se résignèrent à accepter les conditions des ouvriers, et en employèrent 200 environ.

L'association des maçons, de son côté, possédait une réserve de 50,000 couronnes. Les ouvriers avaient, en outre, certaines ressources personnelles, puisqu'aucun d'eux ne demanda de secours au comité des grévistes avant le 1er juin. Les distributions d'argent se firent, à cette date, à raison de 8 couronnes par semaine à l'ouvrier célibataire, et de 12 à 15 couronnes à l'ouvrier marié, proportionnellement au nombre des enfants.

Les manœuvres, qui n'avaient pas hésité à faire cause commune avec les ouvriers, furent aussi secourus, bien qu'ils n'eussent rien versé au fonds commun. Ces subsides particuliers furent accordés sur les sommes que les maçons et les ouvriers d'autres corps de métiers des provinces envoyèrent à leurs camarades.

La caisse de la grève fut alimentée par le reliquat de ces sommes et par les versements volontaires consentis par les 200 ouvriers qui n'avaient pas cessé de travailler. A cette fin, chacun d'eux prélevait une couronne sur son gain quotidien. Le comité émit, dans les derniers jours, des bons de délégation, que les fournisseurs et les marchands furent invités à recevoir en paiement de leurs livraisons, et qui devaient être remboursés par la caisse après la reprise du travail.

La résistance des maçons fut très énergique ; mais les patrons tinrent bon et décidèrent même que le travail ne serait pas repris de tout l'été, si les ouvriers n'étaient pas revenus sur les chantiers avant le 21 juillet. Il fallut se soumettre : la grève avait duré dix semaines, et l'on évalue à plus de 600,000 couronnes les pertes qu'elle causa aux ouvriers seuls. Ils n'obtinrent même pas les avantages que les patrons leur avait proposés au début, et les salaires des manœuvres, qui avaient pris part à l'agitation, furent abaissés.

Grève des chauffeurs de navires en 1890.

Une autre grève fut tentée, dans le courant de mai 1890, par une partie du personnel de la *Forenede Dampskibs Selskab*. Les chauffeurs de plusieurs des bâtiments de cette puissante compagnie refusèrent de continuer le service, et le mouvement, sans être aussi général que parmi les maçons, prit une certaine extension et atteignit même les navires de la Société transatlantique, la *Thingvalla*. Un d'eux perdit son équipage en arrivant à Copenhague. Le lendemain, les matelots du *Liverpool,* appartenant à la *Forenede Dampskibs Selskab* et revenant d'Angleterre, abandonnaient leur bord.

Quelques jours après, l'équipage du steamer *Anvers,* de la même Compagnie, se rendant de Riga à Anvers et traversant la rade de Copenhague, et qui, conformément aux règlements et dans les délais exigés, avait notifié ses intentions, demanda à être débarqué. Sur le refus du capitaine, les marins mouillèrent les ancres en poussant des hourras et cessèrent le service.

La Compagnie, qui possède actuellement cent navires à vapeur, ne sembla pas pourtant s'émouvoir. Elle publia un ordre très sévère, déclarant que tout homme qui quitterait son poste ne serait sous aucun prétexte repris par elle avant un an, et fit appel aux chauffeurs suédois, norvégiens et allemands. Ceux-ci affluèrent, car le fret était assez bas à cette époque de l'année, et un grand nombre d'armateurs des ports de la mer du Nord et de la Baltique avaient été obligés de désarmer leurs navires. Il y eut certaines rixes entre marins danois et étrangers, et la police dut intervenir et opérer quelques arrestations. Mais tout rentra promptement dans l'ordre, et la victoire resta à la Compagnie.

Cette grève avait pris pendant quelques semaines un caractère international, et les meneurs avaient espéré trouver sympathie et assistance dans les principaux ports anglais. Les journaux insérèrent des télégrammes et des lettres émanant du secrétariat général de la Fédération des marins et des chauffeurs d'Angleterre et d'Irlande, qui exerçait, disait-on, une grande influence sur les 75,000 membres de cette société ; et on annonçait que les décchargeurs des ports avaient reçu l'ordre de « bloquer » tous les navires danois jusqu'à la fin de la grève.

La Compagnie, ne voulant pas être prise au dépourvu, engagea des déchargeurs, qui furent attachés à ses bâtiments en service régulier avec l'Angleterre; mais les menaces ne furent suivies d'aucun effet.

ÉCOLES

Instruction primaire.

L'instruction primaire est obligatoire en Danemark depuis 1814 ; la Loi fondamentale contient un article ainsi conçu : « L'enseignement gratuit sera donné dans les écoles primaires aux enfants dont les parents sont trop pauvres pour prendre soin de leur instruction. »

Aussi le Danemark est-il classé parmi les pays où l'instruction générale a atteint la plus grande extension, et le nombre des illettrés dans la classe ouvrière est insignifiant.

L'enseignement primaire est donné aux enfants des diverses classes de la population dans des écoles payantes ou gratuites. Ces dernières fonctionnent au moyen de dons, de legs et de subventions des communes et de l'État. Ces subventions se sont élevées, en 1888, à la somme de 1,236,348 couronnes, soit environ 1,752,774 fr.

La commune de Copenhague entretient 15 écoles pour les enfants des familles nécessiteuses, qui y reçoivent gratuitement l'instruction élémentaire.

Écoles primaires supérieures.

L'enseignement primaire supérieur est donné aux adultes et à la jeunesse des villes et des campagnes dans les écoles du soir et dans un certain nombre d'écoles privées (*Folkehöj-skoler*), dont la plupart sont subventionnées par l'État.

A Copenhague, l' « Association des étudiants » a aussi organisé depuis longtemps des classes du soir, qui sont très suivies par les artisans et les ouvriers.

L'enseignement du dessin est obligatoire, depuis sept ans, dans les écoles municipales de la capitale. On a ouvert des cours normaux, et lorsqu'on aura formé un corps de professeurs assez important, une pétition sera adressée au Parlement pour demander le vote d'une loi ordonnant l'enseignement du dessin dans toutes les écoles du royaume, primaires et supérieures.

Écoles professionnelles.

Les écoles professionnelles ou industrielles sont nombreuses en Danemark. Elles sont fréquentées par 6,000 élèves environ, et leur budget, auquel l'État contribue pour la moitié, dépasse 200,000 couronnes.

Le premier de ces établissements est l'École technique de Copenhague, dont les cours ont lieu, du 1er octobre au 1er avril, dans la journée, le soir et le dimanche. Elle compte plus de 2,000 élèves de tous âges et de tous métiers.

On enseigne dans les classes du soir : l'écriture, l'orthographe, le calcul et la tenue des livres, le dessin à main levée, le dessin géométrique, le dessin professionnel spécial aux maçons, charpentiers, tailleurs de pierres, menuisiers, tourneurs, ouvriers mécaniciens, ferblantiers, fondeurs en cuivre et orfèvres ; le modelage, l'algèbre, la stéréotomie, la physique et la chimie ; — dans les classes du jour : le dessin de construction de machines, le modelage, l'ornement, la statistique, la construction des bâtiments, l'arpentage, le nivellement, le terrassement et le drainage. Des classes spéciales d'application sont organisées pour les ouvriers en métaux.

L'enseignement n'est pas gratuit; mais on accorde facilement des diminutions de tarif et des bourses aux enfants dont les parents sont peu fortunés.

L'École technique de Copenhague, dont le conseil d'administration se compose des membres élus par l'assemblée générale des sociétaires et délégués du Gouvernement, de la commune, de l'Académie des Beaux-Arts, de la Société industrielle et de diverses associations ouvrières, qui la subventionnent, a constitué, entre toutes les écoles professionnelles du pays, une sorte de syndicat d'intérêts matériels et moraux dont elle a la direction.

« Le 2 janvier 1879, dit M. Marius Vachon, dans son remarquable *Rapport sur les musées et les écoles d'art industriel et sur la situation des industries artistiques en Danemark* [1], qui nous a fourni les indications les plus sûres et les plus complètes pour cette partie de notre étude, le directeur de l'École technique envoyait à tous ses collègues de province une circulaire dans laquelle il leur exposait avec précision le but et les ressources de l'institution, et leur demandait s'il ne leur conviendrait pas d'échanger mutuellement leurs idées et leurs projets et de recevoir de l'école de Copenhague un concours régulier par des subventions pécuniaires, par des envois de modèles, par des conseils sur les questions d'enseignement et par la création de cours normaux de perfectionnement pour leurs professeurs. La proposition fut accueillie avec empressement et le syndicat créé immédiatement. L'année suivante, l'École technique organisait un congrès annuel de tous les professeurs de l'enseignement professionnel, et fondait des cours de perfectionnement pour les maîtres, auxquels elle consacrait environ 10,000 couronnes. L'œuvre aujourd'hui est en pleine prospérité et rend les plus grands services. »

La seconde place appartient à l'École technique d'Odense. dont les cours principaux sont consacrés aux industries de la mécanique et de la construction.

L'École technique d'Elseneur, qui est ouverte le soir du

---

1. Mission de juin-juillet 1889. Maison Quantin, Paris, 1889.

1ᵉʳ septembre au 1ᵉʳ avril, a près de 200 élèves, qui se sont répartis de 1887 à 1889 dans les professions suivantes :

Apprentis menuisiers.	31
— charpentiers	15
— forgerons	27
— peintres.	18
— maçons.	11
— typographes	3
— ferblantiers	6
— selliers	3
— tailleurs.	2
— machinistes	12
— carrossiers.	4
— fondeurs	6
— chaudronniers	4
— orfèvres.	2
— jardiniers	5
— tailleurs de pierres . . .	2
— en tabac	1
— sabotier.	1
— vitrier	1
— commis	1
— en cuivre	1
— architectes de la marine .	3
Garçon maçon	1
— menuisier.	1
Non apprentis, etc.	22

Des subsides importants sont régulièrement accordés à l'École par les corporations ouvrières d'Elseneur, et la corporation des peintres en bâtiments subventionne un cours spécial. Un assez grand nombre de patrons ont décidé de n'admettre dans leurs ateliers que des apprentis ayant fréquenté l'École.

La rétribution est peu élevée : 60 öre pour la première et la deuxième année, et une couronne à une couronne et demie pour les autres.

L'École ouvrière de Wallekilde, fondée par M. Andreas Buntzen, est subventionnée par les ministères de l'intérieur et de l'instruction publique, et compte sept professeurs pour plus de 500 élèves. Elle forme une annexe à l'école supérieure de la ville, fonctionne du 1er novembre au 1er avril et ne reçoit que des ouvriers ayant achevé leur apprentissage.

Les élèves suivent les cours généraux de l'école supérieure, l'histoire, la géographie, les mathématiques, la gymnastique, et sont ainsi divisés au point de vue professionnel :

Charpentiers.	285
Maçons.	145
Menuisiers	24
Carrossiers	5
Forgerons.	15
Mécaniciens.	7
Constructeurs de moulins	2
Tonnelier.	1
Peintres	16

La majorité des élèves vient de la campagne. Ils sont, s'ils le désirent, admis comme internes à l'école supérieure.

L'École d'art et d'industrie pour les femmes, créée en 1875 à Copenhague, est subventionnée par l'État et par la commune. Elle compte 80 élèves qui paient une rétribution annuelle de 100 couronnes, et l'enseignement y est donné par 12 professeurs.

L'École est divisée en trois sections qui comprennent 21 cours, ainsi répartis : 1° dans la section élémentaire, dessin à main levée, dessin géométrique, dessin stéréotomique, dessin de perspective, dessin à main levée d'après des modèles en relief; 2° dans la section d'art, perspective, dessin d'après la bosse et d'après nature, portraits en pied d'après la bosse et d'après nature, dessin d'anatomie, peinture à l'aquarelle et à l'huile, composition d'ornement; et 3°, dans la section d'art industriel, peinture sur faïence et sur porcelaine, sculpture sur bois, gravure au burin et à l'eau-forte, xylographie, découpage au marteau et à la scie, modelage, orfèvrerie au repoussé, histoire de l'art.

Les ouvrières ne fréquentent généralement que la première et la troisième section. L'École, qui n'a cessé de donner d'excellents résultats, a des ateliers d'application où, dans les dernières années, les élèves exécutent des ouvrages personnels. Ils sont, à titre d'encouragement, vendus à leur profit, déduction faite des frais de matières nécessaires avancés par l'établissement.

Nous citerons, en terminant, l'École des constructions navales et des machines, qui a pour but de former spécialement pour la marine de l'État des ouvriers destinés à devenir plus tard sous-officiers dans le corps des ouvriers de l'arsenal de Copenhague ou mécaniciens. L'École n'a que 24 élèves; mais leur nombre peut être porté à 36 par décision du ministre de la marine.

Si toutes les places ne sont pas occupées, le ministre a aussi le droit d'autoriser des jeunes gens n'appartenant pas au service de la marine à suivre gratuitement les cours de l'École.

———

INSTITUTIONS COOPÉRATIVES

ET

HABITATIONS OUVRIÈRES

Il n'existe pas, en Danemark, d'institutions coopératives *industrielles*, sociétés de production, de distribution ou de consommation, qui aient quelque importance, ou qui méritent d'être signalées. Les seules associations de cette nature qui aient vraiment réussi et rendent de réels services se rapportent à l'agriculture ; elles ont l'appui de l'État et des grandes banques, et ont pour but de venir en aide aux petits propriétaires et aux fermiers, et d'améliorer le sort des travailleurs agricoles.

Logements à bon marché.

Il est assez rare, sauf dans les campagnes, que les patrons affectent ou donnent en location des logements à leurs ouvriers. Mais certaines associations se sont constituées dans plusieurs localités pour procurer à la classe ouvrière des habitations à bon marché, quelquefois même à titre gratuit après un temps de location déterminé.

Deux d'entre elles ont pris à Copenhague un véritable développement.

1° La « Société des logements ouvriers » de Frederiksberg,

l'un des faubourgs de la capitale, fournit des logements sa-
lubres et bien aménagés à tous les travailleurs, moyennant
une redevance peu élevée : 50 couronnes au minimum,
somme une fois payée, ou 4 couronnes par an au minimum.

La Société possède actuellement 69 habitations, sans
compter un grand nombre de magasins et de boutiques ;

2° Une autre société (*Arbeider Byggeforeningen*), fondée
en 1865, construit de petites maisons, commodes et aérées,
pouvant contenir chacune un ou deux ménages d'ouvriers.

Un droit de 2 couronnes est versé en entrant, et le ménage
s'engage à payer pendant dix années un loyer de 35 öre
(50 centimes) par semaine.

Lorsque le ménage a ainsi versé 20 couronnes, la rente des
loyers payés par la suite est inscrite tous les ans en son nom.
En cas de décès ou de départ après dix années de location,
le montant total de ces rentes lui est remboursé. Un tiers lui
est retenu s'il abandonne l'association avant ce délai, et un
huitième seulement s'il est obligé de quitter la ville.

Une famille arrive même à devenir propriétaire de la maison qu'elle habite dans les conditions et délais prévus par
les statuts.

La législation danoise ne s'est pas encore spécialement
occupée, comme en France par la loi du 15 avril 1850, et en
Angleterre par *l'act* de 1855, des habitations ouvrières. Mais
celles de Copenhague sont bien tenues, parfaitement admi-
nistrées et très recherchées par les classes laborieuses.

CAISSES D'ÉPARGNE ET BANQUES POPULAIRES

Les caisses d'épargne sont régies par la loi du 28 mai 1880 et contrôlées par une inspection dépendant du ministère de l'intérieur.

Au 31 mars 1889 leur nombre s'élevait à 539, ce qui donne en moyenne une caisse pour 3,653 habitants.

Ces établissements étaient ainsi répartis : 144 dans les villes, 388 dans les campagnes, et 7 caisses scolaires [1].

En 1876, il y avait dans le royaume 403 caisses d'épargne. On en comptait 502 en 1883 ; mais leur capital total était seulement de 367 millions de couronnes, tandis que, pour 539 caisses, il était l'an dernier de 507,235,225 couronnes ainsi qu'il résulte du bilan général arrêté le 31 mars 1889 :

Actif.

	Couronnes.
Solde en caisse	16,211,679
Prêts.	358,896,459
Obligations et actions.	125,135,719
Immeubles	1,631,485
Inventaire.	85,160
Valeurs diverses, intérêts échus, etc.	5,274,723
Total.	507,235,225

1. Les caisses d'épargne scolaires (*Skole og Oresparckasser*) sont autorisées à recevoir des dépôts même d'une öre, et sont dispensées de la tenue de registres, à la condition qu'elles opéreront le versement de toutes les sommes reçues dans une caisse ordinaire.

Passif.

	Couronnes.
Capital des déposants.	476,392,050
Rentes non portées sur les livrets	4,185,033
Actions ou fonds de garantie.	1,108,426
Fonds de réserve.	23,326,723
Dettes diverses (emprunts, etc.).	657,439
Autres dettes (fonds spéciaux, rentes payées d'avance, etc.).	1,565,554
Total.	507,235,225

Le nombre des livrets était de 823,709, représentant, ainsi qu'il est indiqué plus haut, un capital de 476,392,050 couronnes, et se classant ainsi :

Livrets.	Nombre des livrets.	Montant des livrets.
		Couronnes.
Au-dessous de 50 couronnes . . .	375,655	5,021,874
De 50 à 200 couronnes. . . .	155,533	16,480,608
De 200 à 500 —	99,115	31,839,110
De 500 à 2,000 —	113,679	114,376,183
Au-dessus de 2,000 couronnes . .	57,183	281,683,044
Livrets non classés.	22,544	26,991,231
Totaux.	823,709	476,392,050

Les cinq caisses d'épargne, dont les dépôts atteignaient les chiffres les plus élevés, étaient les suivantes :

	Couronnes.
Caisse d'épargne de Copenhague et des environs . .	91,770,248
— des districts de la Fionie à Odense.	31,695,016
— des agriculteurs de la Séelande . .	26,991,231
— d'Aalborg et des environs.	12,449,319
— de Lolland à Nakskor	11,008,784

Le taux de l'intérêt a varié, dans l'exercice 1888-1889, de 2 à 4 1/2 p. 100 ; mais le taux moyen peut être fixé à 3.22 p. 100 environ.

Depuis trois ans, les caisses de Copenhague accordent aux déposants un intérêt de 3 p. 100.

Banque du travail.

Le Danemark n'a pas, à proprement parler, de banques populaires, c'est-à-dire des institutions spéciales de crédit pour les ouvriers, organisées comme en France, et surtout comme en Hongrie, en Suisse et en Italie.

Le seul établissement financier qui s'en rapproche par certains côtés est la « Banque du travail » (*Dansk Arbeiderbank*), fondée à Copenhague en 1872, et qui est à la fois une caisse d'épargne, une caisse de secours et une banque de prêts. Ses statuts permettent aux travailleurs de recourir à son crédit ; mais, en fait, c'est particulièrement au petit patron, à l'ouvrier travaillant à domicile ou en famille, et à l'artisan qu'elle vient en aide, en raison des cautions et des garanties qu'ils peuvent offrir et que le simple ouvrier de l'atelier ou de la fabrique n'est généralement pas en mesure de donner.

Le capital social de la « Banque du travail » est de 63,740 couronnes, et son fonds de réserve s'élevait en 1889 à 1,273,384 couronnes 65 öre. Les dépôts de la caisse d'épargne se soldaient par le chiffre de 7,920,795 couronnes 47 öre ; sa caisse de secours disposait d'un capital de 1,246,818 couronnes 85 öre, y compris les primes et les fonds d'avances.

La caisse d'épargne reçoit des dépôts à partir de 20 öre (28 centimes), et, comme les autres caisses de la capitale, paie un intérêt de 3 p. 100. Les sommes placées sont remboursées à première réquisition, à moins qu'elles ne dépassent 2,000 couronnes : il est nécessaire, dans ce dernier cas, de prévenir la banque.

La caisse de secours reçoit des versements à partir de 10 öre (14 centimes) par semaine, et accorde, en sus de l'intérêt ordinaire, une prime annuelle de 2 1/5 p. 100, ce qui représente une rente de 6 p. 100. Elle admet comme membres les personnes des deux sexes au-dessous de 55 ans.

Après dix années, les membres ont le droit de réclamer

des secours. S'il s'agit d'une rente viagère à servir à partir
de 60 ans d'âge, elle s'élève pour un homme au moins au
dixième des sommes déposées et au douzième pour une
femme. En cas de décès, la Banque rembourse le capital
versé avec les intérêts, ou le reporte sur la tête de la femme.

Après des versements effectués jusqu'à concurrence de
200 couronnes, une femme a le droit d'en réclamer le rem-
boursement intégral, avec intérêts et intérêts composés. Celle
qui a versé 500 couronnes peut, au bout de 15 années, cesser
de faire à l'avenir de nouveaux dépôts, sans perdre sa qua-
lité de sociétaire et ses droits aux primes. Celle qui appartient à la société depuis deux ans est autorisée à contracter
un emprunt, pour l'aider à commencer un métier ou à ouvrir
une maison de commerce.

Tout membre peut demander, à titre de prêt, les 4/5 du
montant total de ses dépôts.

La caisse de secours reçoit aussi les versements faits par
les enfants au-dessous de 16 ans, avec cette réserve que le
capital, les intérêts et les primes ne seront payés qu'à certaines occasions prévues dans les statuts, comme la confirmation, le mariage, etc. En cas de décès de l'enfant, la caisse
rembourse les sommes déposées, avec intérêts et intérêts
composés, à ses héritiers naturels.

SOCIÉTÉS DE SECOURS MUTUELS

CAISSES DE SECOURS ET DE RETRAITE

L'ouvrier, au point de vue de l'assistance qu'il trouve dans les institutions publiques et privées ou qu'il retire de son initiative personnelle, est traité en Danemark d'une manière exceptionnellement favorable. Les associations mutuelles, les caisses de secours, les sociétés de bienfaisance et les établissements hospitaliers sont si nombreux et si facilement accessibles, que, pour la plupart des cas, il ne tombe dans l'extrême gêne ou la misère que par sa propre faute, qu'il soit enclin au plaisir, à la paresse, à l'intempérance, ou qu'il se laisse entraîner par ses passions ou ses vices ; et, s'il y a de pauvres gens dans ce pays comme dans tout autre, les indigents y sont très secourus, et les mendiants professionnels sont très rares et même presque inconnus dans la capitale, qui compte aujourd'hui près de 350,000 habitants.

On cite les corps de métiers qui n'ont pas leur asile ou leur caisse de secours, permettant aux ouvriers de surmonter, moyennant une faible cotisation, les difficultés qu'ils peuvent rencontrer dans le cours de leur existence, par suite de chômages, d'accidents, de maladies et de décès ; et d'autres institutions sont toujours prêtes à les recevoir et à leur procurer les mêmes avantages.

La statistique des sociétés de secours mutuels et des caisses

destinées à subvenir aux frais d'enterrement s'arrête à 1884
et indique la situation suivante au 31 décembre :

SOCIÉTÉS et caisses de secours.	Nombre des sociétés.	Nombre des membres ordinaires.	Nombre des membres honoraires.	En caisse.	Valeurs et immeubles.
				Cour.	Cour.
Copenhague	67	27,691	350	10,989	695,666
Séelande et Fionie :					
Villes	110	16,001	82	15,249	442,327
Communes rurales'.	415	55,219	4,097	42,739	738,286
Jutland :					
Villes	104	15,104	65	10,736	288,000
Communes rurales .	174	14,026	1,263	14,037	181,085
Total	870	128,041	5,856	93,750	2,366,365

Recettes en 1884.

SOCIÉTÉS et caisses de secours.	Cotisations.	Versements des membres honoraires.	Versements extraor- dinaires.	Recettes diverses.	Total.
Copenhague	289,630	1,480	1,845	109,610	402,565
Séelande et Fionie :					
Villes	76,596	377	101	77,540	154,614
Communes rurales .	187,185	12,905	1,592	176,514	378,196
Jutland :					
Villes	82,131	774	612	62,235	145,752
Communes rurales .	38,238	2,526	475	72,277	113,516
Total	673,780	18,062	4,625	498,176	1,194,643

Dépenses en 1884.

SOCIÉTÉS et caisses de secours.	Malades.	Pharmacie.	Médecins.	Enterrements.	Vieillards et veuves.	Prêts.	Administration.	Dépenses diverses.	Total.
Copenhague	159,976	34,020	33,108	25,366	10,965	21,718	22,695	83,728	391,576
Séelande et Fionie :									
Villes	42,934	7,763	8,178	14,098	5,449	19,878	6,340	34,730	139,365
Communes rurales .	101,719	41,754	63,659	16,420	8,092	29,471	2,317	71,025	335,457
Jutland :									
Villes	32,637	16,011	10,086	19,254	322	16,647	5,666	28,393	135,016
Communes rurales .	25,418	12,189	16,048	3,344	441	24,197	416	17,426	99,479
Total.	362,684	111,737	137,079	78,477	25,269	111,911	38,484	235,802	1,100,893

Le nombre de ces sociétés s'est considérablement accru depuis six ans ; il est actuellement de 932, ainsi réparties dans le royaume :

Copenhague.	102
Séelande et Fionie : villes	98
— communes rurales	86
Jutland : villes.	451
— communes rurales.	195
Total.	932

A Copenhague, le droit d'entrée varie entre 1 et 2 couronnes ; il n'est quelquefois que de 50 öre. La cotisation varie entre 20 et 25 öre (28 et 35 centimes).

Dans les villes de province et dans les communes rurales, le droit d'entrée est généralement de 1 couronne, mais souvent de 2, 3 et même 4 couronnes. La cotisation hebdomadaire varie entre 17 et 25 öre (23 et 35 centimes).

Nous ne signalerons ici que trois de ces sociétés, afin d'en montrer le but et de prendre pour exemple leur organisation, qui est à peu près celle de toutes les autres.

1° La « Société des amis du peuple » (*Folkevennernes Syge*

og Begravelses Forening), fondée à Copenhague en 1853, est une caisse de secours en cas de maladie et de subvention pour les frais d'enterrement. Elle reçoit les ouvriers des deux sexes, pourvu qu'ils ne soient pas âgés de plus de 45 ans. Le droit d'entrée est fixé à 1 couronne et la cotisation hebdomadaire est de 20 öre.

Les membres reçoivent des soins gratuits dans les hôpitaux, où ils paieraient ordinairement 1 couronne par jour, et touchent en outre 20 öre par jour à l'hôpital Fréderik et 40 öre à celui de la commune. S'ils désirent être soignés chez eux, ils ont gratuitement les visites d'un médecin et les médicaments, et touchent 3 couronnes par semaine. Leurs enfants sont aussi soignés aux frais de la société. Tout membre qui, pendant trois années consécutives, a payé régulièrement sa cotisation, peut faire entrer gratuitement sa femme et ses enfants malades à l'hôpital de la commune.

La subvention accordée pour frais d'enterrement est de 70 couronnes.

2° La « Société ouvrière » de Copenhague, fondée en 1840, accorde des secours aux travailleurs, leur fait des avances d'argent ou de véritables prêts, sert des pensions aux veuves, et met à la disposition de ses membres une bibliothèque de 5,000 volumes.

Son capital s'élève à 32,000 couronnes, auxquelles viennent s'ajouter 8,000 couronnes provenant d'une donation.

Une partie du revenu est consacrée à procurer des outils et des instruments aux ouvriers, et à récompenser des jeunes gens et des apprentis à la suite de concours destinés à prouver leur habileté.

3° La « Société de secours mutuels », créée en 1889 à Copenhague, qui a pour but de fournir les moyens de passer quelque temps à la campagne aux ouvriers sociétaires et à leurs enfants qui, à la suite de maladies, de fatigues ou d'insuffisance de nourriture, en ont un impérieux besoin.

La cotisation annuelle est d'au moins 2 couronnes, et fixée d'après la situation de l'ouvrier.

Nous avons dit plus haut que ces institutions et leur

réglementation avaient été depuis longtemps l'objet de la sollicitude du Gouvernement, qui a soumis au Parlement deux projets de loi fort intéressants sur les « Caisses de retraite pour la vieillesse et les caisses de secours en cas de maladie », ainsi que sur « l'assurance des ouvriers contre les suites des accidents arrivés pendant le travail ». Mais jusqu'ici les discussions qu'ils ont sans doute soulevées dans le sein de la commission spéciale n'ont pas abouti et n'ont amené l'adoption d'aucune disposition législative.

Mont-de-piété de Copenhague.

Un mont-de-piété (*Assistentshuset*) fonctionne à Copenhague depuis deux siècles, et, sans éviter les inconvénients attachés aux institutions de ce genre, rend pourtant à l'ouvrier quelque service, en cas de gêne momentanée ou de besoin pressant.

Cet établissement de prêts sur gages prend un intérêt de 12 p. 100 de 50 öre à 100 couronnes, de 9 p. 100 de 100 à 200 couronnes, et de 6 p. 100 au-dessus de 200 couronnes. Les gages doivent être retirés dans le délai d'une année ; des renouvellements ne sont accordés que dans certaines conditions déterminées et pour des prêts supérieurs à 100 couronnes.

Le tableau ci-contre résume la situation du mont-de-piété du 1ᵉʳ avril 1883 au 31 mars 1888.

SITUATION au 1er avril 1883.	1883-84.	1884-85.	1885-86.	1886-87.	1887-88.
Nombre de gages	121,160	115,335	117,611	123,874	130,785
Montant des prêts	914,441	881,214	927,432	980,906	966,749
Déposé.					
Nombre de gages	146,218	182,066	186,493	201,440	197,400
Montant des prêts	1,139,933	1,594,596	1,629,559	1,660,746	1,617,499
Renouvelé.					
Nombre de gages	33,622	32,966	35,546	38,129	39,833
Montant des prêts	376,064	378,627	570,745	488,677	452,650
Retiré.					
Nombre de gages	134,339	162,319	160,969	175,498	179,299
Montant des prêts	1,046,586	1,427,942	1,440,144	1,543,541	1,505,673
Vendu aux enchères.					
Nombre de gages	17,704	17,471	19,261	19,031	15,952
Montant des prêts	126,574	120,436	135,941	131,362	99,874
Situation à la fin de l'exercice.					
Nombre de gages	115,335	117,611	123,874	130,785	132,934
Montant des prêts	881,214	927,431	980,906	966,749	978,701
Recette totale	124,820	119,229	121,354	127,609	123,026
Dépense totale	117,693	118,615	125,549	88,269	80,439
Bénéfice	7,127	614	"	39,340	42,587
Perte	"	"	4,195	"	"

Assistance publique.

Malgré ces nombreuses associations mutuelles de secours
et de prêts, qui donnent un salutaire encouragement au travail, et ces caisses de retraite qui garantissent aux ouvriers
l'indépendance et la vie matérielle de leurs vieux jours, il en
est, ainsi que nous le disions plus haut, qui tombent dans la
pauvreté ou la misère et sont forcés d'avoir recours aux
municipalités.

A Copenhague, le service de l'assistance publique (*Fattig-*

vœsenet), bien doté par le budget de la commune, richement subventionné par des legs anciens et récents, offre un modèle d'organisation administrative.

Mais nous ne pourrions à cette place entrer dans des détails trop étendus ; et, après avoir indiqué les conditions requises pour être admis à l'assistance publique, nous nous bornerons à faire l'énumération succincte des principaux établissements qu'elle met à la disposition des ouvriers nécessiteux.

Celui ou celle qui désire recevoir des secours de l'assistance publique doit en faire la demande au chef du district de sa résidence. Ce fonctionnaire pourvoit immédiatement aux premiers besoins et se livre à une enquête, à la suite de laquelle la demande est accueillie ou rejetée par l'administration. Copenhague possède 13 chefs de districts, assistés par 26 médecins.

Les secours accordés aux pauvres consistent en: 1° envoi de pain ; 2° don en argent pour une seule fois, ou par petites sommes et avec un emploi déterminé ; 3° chauffage ; 4° habillement ; 5° repas à titre exceptionnel ; 6° paille pour literie ; 7° médecin et sage-femme ; 8° secours à domicile en cas de maladie ; 9° admission dans un hôpital ; 10° frais d'enterrement.

L'assistance publique reçoit les ouvriers des deux sexes et leurs enfants dans les asiles et hôpitaux suivants:

« L'hôpital commun » (*Almindelig Hospital*) pour les ouvriers des deux sexes, qui sont incapables de travailler. Ils y reçoivent, dans certains cas, des secours d'argent variant de 25 à 35 öre par jour, et les petites sommes gagnées par leur travail, qui n'est d'ailleurs pas imposé, sont laissées à leur disposition.

La « maison de travail de Nicolaj » (*Nikolaj Arbeidshus*), donnant 26 places à des femmes qui peuvent, en dehors des secours accordés par l'établissement, s'assurer certains gains par leur travail.

La « maison de travail du Sauveur » (*Frelserens Arbeidshus*), disposant de 170 places pour des femmes en état de se livrer à quelque occupation.

L' « asile pour les personnes sans domicile » (*Husvileafde-lingen paa Fattiggaarden*), destiné à recueillir des familles qui n'ont point de logement et auxquelles on n'oserait confier d'argent comptant pour acquitter leur loyer. Il reçoit 16 familles et 12 femmes avec leurs enfants.

L' « établissement du travail de Ladegaard » (*Ladegaardens Arbeidsanstalt*) pour les vagabonds et les paresseux, qui sont employés dans les ateliers municipaux et aux travaux extérieurs de la commune. Il dispose de 811 places pour les hommes et de 209 pour les femmes. Le travail est obligatoire.

L' « asile de Saint-Jean » (*Sanct Johannes Stiftelse*) donne du travail aux ouvriers inoccupés et dispose de 606 places. Cet établissement possède un hôpital, une maison d'éducation ouvrière pour 120 enfants et une école primaire.

Les dépenses générales de l'assistance publique de Copenhague se sont élevées, pendant l'année 1886, à la somme de 1,696,744 couronnes, soit 2,375,441 fr.

Ce chiffre témoigne hautement que l'administration de la capitale ne s'arrête devant aucuns sacrifices pour soulager l'infortune et remédier aux privations et aux souffrances des classes laborieuses. Il est cependant à remarquer que les ouvriers s'efforcent autant que possible d'éviter de recourir à l'assistance publique et ne se décident qu'en cas de dénuement absolu et à la dernière extrémité à s'adresser, conformément aux prescriptions réglementaires, au chef de leur district. Il y a, en effet, une ombre au tableau que nous venons de présenter, et, à juste titre, ils considèrent qu'il y a pour eux déchéance à accomplir cette formalité, car elle entraîne avec elle des conséquences qui leur enlèvent une partie de leurs droits civils et politiques.

Ces conséquences si graves résultent de deux dispositions légales :

1° Tout individu qui reçoit des secours de l'assistance publique ne peut se marier sans l'autorisation de l'administration et avant d'avoir remboursé la dette qu'il a contractée envers elle. S'il ne s'est pas libéré de cette dette dans le délai de cinq années, le mariage lui est interdit.

2° D'après l'article 4 de la loi électorale du 12 juillet 1867,
« est exclu de l'exercice des droits électoraux tout individu
« qui reçoit ou a reçu de l'administration de l'assistance pu-
« blique des secours qu'il n'a pas remboursés, ou dont on ne
« lui a pas fait remise. »

Aussi les ouvriers malheureux restent-ils généralement
confinés dans la catégorie des pauvres honteux. Ils ont pour
eux, s'ils sont malades, l' « hôpital Frédérik », qui possède
une fortune considérable provenant de legs et de donations,
et les reçoit à titre gratuit sans exiger qu'ils passent par l'in-
termédiaire de l'assistance publique.

Cet établissement admet également, lorsqu'il y a des lits
disponibles, les malades de la province. Il leur suffit de
produire un certificat médical constatant leur état et une
déclaration émanant de l'autorité locale ou d'une personne
honorable attestant leur indigence.

L' « hôpital Frédérik » ne reçoit point les personnes at-
teintes de maladies contagieuses, et a une succursale spécialement affectée aux femmes en couche de la capitale et de la
province, qui sont admises aux mêmes conditions.

Il y a, en outre, dans tous les hôpitaux de Copenhague,
des consultations gratuites pour les personnes dépourvues de
moyens d'existence.

CONCLUSION

Dans ce pays, où le sentiment égalitaire est assez développé et où toute prérogative attachée à la noblesse, aux titres et au rang, a été abolie par l'article 92 de la Constitution, l'ouvrier a les mêmes droits politiques que les autres citoyens. Sa condition est, à ce point de vue, supérieure à celle des travailleurs des deux autres États scandinaves, auxquels les exigences du cens électoral interdisent presque toute participation effective aux affaires publiques.

Condition politique de l'ouvrier danois.

En Danemark, tout ouvrier, âgé de 30 ans accomplis et qui n'a pas subi de condamnation, est électeur du Folkething (Chambre des députés), à moins : 1° qu'il ne soit au service d'un particulier, sans avoir de ménage à lui ; 2° qu'il ne reçoive ou n'ait reçu de l'administration de l'assistance publique des secours qu'il n'ait pas remboursés ou dont on ne lui ait point fait remise ; 3° qu'il ne puisse disposer de ses biens ; et 4° qu'il n'ait pas été domicilié depuis un an dans le district électoral ou la ville qu'il habite à l'époque de l'élection.

Il est éligible au Folkething, sans condition de domicile, à partir de l'âge de 25 ans, s'il se porte lui-même comme candidat.

Il est électeur du premier degré et de la première catégorie du second degré au Landsthing (Chambre Haute) dans les mêmes conditions que pour le Folkething ; il suffit que, pendant l'année qui précède les élections, il ait résidé dans une des villes ou dans le district rural appartenant à son cercle électoral. L'ouvrier ne peut être électeur de la deuxième catégorie du second degré, puisque la condition essentielle est d'avoir un revenu imposable de 4,000 couronnes pour Copenhague et de 2,000 couronnes en province.

Il est éligible au Landsthing dans les mêmes conditions que pour le Folkething, et peut être nommé par le Roi membre à vie de la Chambre Haute, s'il a déjà fait partie des assemblées représentatives du pays.

Aux termes de l'article 79 de la Constitution, il « ne peut être privé, pour cause de religion, de la jouissance de ses droits civils et politiques, ni se soustraire à l'accomplissement de ses devoirs de citoyen ».

Il a le droit de publier ses pensées par la presse et n'en est responsable que devant les tribunaux; de faire partie de toute association organisée dans un but légal, et d'en créer, sans autorisation préalable, avec le concours d'autres ouvriers ou citoyens; d'assister sans armes aux réunions publiques et aux assemblées « en plein air », qui ne sont interdites que s'il y a lieu de craindre qu'elles ne soient dangereuses pour la paix publique.

Associations socialistes et démocratiques.

Forte de ces droits, la classe ouvrière a pu, dans ces dernières années, se constituer en parti indépendant, auquel se sont affiliées la plupart des associations de corps de métiers du royaume, et qui a pris le nom de « parti social-démocratique », sous la direction d'un comité central siégeant à Copenhague, de sous-comités dans les villes de province et de délégués dans tous les centres industriels. Il a ses statuts et règlements, sa caisse spéciale, alimentée par toutes les sociétés, son cercle, son imprimerie, son journal, le *Social Demokrat*, un autre journal comique et illustré, sa librairie.

Son comité est en correspondance avec les socialistes des diverses nations européennes et particulièrement de l'Alle

magne, donne des avis et des ordres sur toutes les questions
politiques et économiques qui touchent au sort des ouvriers
danois, dirige les élections, soutient les revendications du
travail contre le capital, ordonne et mène les grèves, organise
les réunions et les manifestations publiques, et se fait repré-
senter dans les congrès ouvriers.

Ce parti, doué d'une grande énergie et très discipliné, a su
profiter de la situation résultant du conflit permanent entre
le ministère et le Folkething. Il est devenu une puissance,
et faisait entrer cette année quatre socialistes à la Chambre
des députés et trois autres à la Chambre Haute, dont les élections, cependant, ainsi que nous l'exposions plus haut, ont
lieu au suffrage du second degré, restreint encore par l'ad-
jonction d'électeurs ayant un revenu imposable d'au moins
4,000 couronnes. Il obtenait aussi, dans ces deux élections
législatives, d'importantes minorités dans un certain nombre
de circonscriptions provinciales.

Au mois de juin, dans un congrès tenu à Copenhague et
auquel assistaient 71 délégués, représentant près de 50,000
membres des diverses associations, le parti modifiait son
organisation, augmentait ses moyens d'action, et arrêtait
un nouveau plan de campagne. Comprenant que les seuls
ouvriers industriels ne sauraient arriver, dans ce pays essen-
tiellement agricole, à constituer une force suffisante pour
décider de la victoire, il s'adressait aux populations rurales,
restées fidèles jusqu'à ce jour aux députés de l'opposition
libérale, et posait ouvertement la question agraire.

Il a, en conséquence, divisé le Danemark en six districts,
dans chacun desquels un comité de cinq membres est chargé
de diriger le mouvement et de faire la propagande nécessaire
auprès des petits propriétaires, des fermiers, des paysans, des
journaliers et ouvriers de la campagne. Le but à atteindre est
une sorte de collectivisme agricole : « Il n'existerait plus,
d'après les manifestes publiés, ni majorats, ni grands biens
fonciers, ni propriétés particulières. Tous ces biens-fonds, de
quelque nature qu'ils soient, seraient mis en vente. L'État les
rachèterait ensuite et les partagerait entre la population agri-

cole, à laquelle il fournirait en même temps tous moyens d'exploitation. »

Il ne s'agit plus là, assurément, de questions ouvrières : on est en présence d'un parti politique et socialiste militant, que son tempérament éloigne des procédés violents et révolutionnaires, mais qui n'attend rien de l'État, ne réclame pas son intervention pour arriver à la réalisation de ses revendications, et qui a le ferme dessein de se substituer à lui dans un temps donné, d'imposer à la nation ses volontés, et d'appliquer un programme qui n'est, en somme, que le programme de l'internationalisme européen.

Quant au Gouvernement, il continue à se maintenir, suivant l'expression du premier délégué de la France à la Conférence internationale de Berlin, « dans les limites du « principe général de justice dont l'État est le gardien », tout en empêchant le désordre dans l'atelier et dans la rue.

On a pu voir, d'ailleurs, en prenant connaissance de cette étude de la question ouvrière en Danemark, que, dans ce pays, la situation des travailleurs industriels est assez satisfaisante, et que, par l'initiative personnelle des intéressés, comme par la protection intelligente que n'ont cessé de lui accorder les pouvoirs publics, elle ne pourrait, si l'on a la sagesse de ne point sortir des voies régulières et de n'avoir recours qu'aux moyens légaux, que s'améliorer de jour en jour.

La législation ouvrière n'est pas achevée. Mais, telle qu'elle est, elle constitue une œuvre de bonne foi et d'équité, sanctionne de véritables progrès et laisse la porte ouverte aux réformes. Elle place le Danemark en bon rang parmi les nations qui, sans vouloir porter atteinte à la liberté individuelle et à celle du travail, sans chercher à fixer les termes du contrat entre le patron et l'ouvrier et à faire du socialisme d'État, ont accordé aux travailleurs, surtout aux petits et aux faibles, l'appui efficace et le dévouement sincère qui leur sont dus.

CHARLES **THOMSON**.

TABLE DES MATIÈRES

Nancy, imprimerie Berger-Levrault et Cie.